本成果受到中国人民大学"中央高校建设世界一流大学（学科）和特色发展引导专项资金"支持，项目批准号16XNA006。

人力资源分析

王桢 著

中国时代经济出版社有限公司

图书在版编目（CIP）数据

人力资源分析 / 王桢著 . — 北京：中国时代经济出版社有限公司，2020.5
ISBN 978-7-5119-3017-0

Ⅰ.①人… Ⅱ.①王… Ⅲ.①人力资源管理 Ⅳ.①F243

中国版本图书馆 CIP 数据核字（2020）第 074221 号

人力资源分析
RENLI ZIYUAN FENXI
王　桢　著

出版发行：	中国时代经济出版社有限公司
社　　址：	北京市丰台区玉林里 25 号楼
邮政编码：	100069
发行热线：	（010）63508271　63508273
传　　真：	（010）63508274　63508284
网　　址：	www.icnao.cn
电子邮箱：	sdjj1116@163.com
经　　销：	各地新华书店
印　　刷：	北京凌奇印刷有限责任公司
开　　本：	710 毫米×1000 毫米　1/16
字　　数：	210 千字
印　　张：	13.5
版　　次：	2020 年 5 月第 1 版
印　　次：	2020 年 5 月第 1 次印刷
书　　号：	ISBN 978-7-5119-3017-0
定　　价：	65.00 元

本书如有破损、缺页、装订错误，请与本社发行部联系更换

版权所有　侵权必究

>> 内容简介

人力资源管理的发展经历了多个阶段。从传统的人事管理阶段，到人力资源管理阶段，到战略性人力资源管理阶段，再到更加强调个体的人力资本管理或人才管理阶段。随着大数据技术日臻成熟，组织收集、储存、分析和利用人力资源管理的海量数据变得更加便捷。人力资源分析方法也应运而生，并深刻地推动人力资源管理模式变革。利用数据分析思维重塑人力资源管理成为人力资源部门应对挑战、支撑企业长期竞争优势的关键。本书通过八章内容，即人力资源分析概论、组织中的人力资源数据、数据驱动的人力资源规划、数据驱动的招聘、数据驱动的培训与开发、数据驱动的绩效管理与激励、员工敬业度与离职分析和人力资源分析展望，深入阐述人力资源分析的理论与实操方法，具有较高的研究与实践指导价值。

本书可供企业管理者、人力资源管理从业者，相关领域教师、研究人员、学生参考，对此感兴趣的读者也值得阅读。

目 录

第一章 绪论 ... 1
第一节 人力资源分析的概念 ... 2
第二节 人力资源分析的缘起和发展 ... 3
第三节 人力资源分析步骤 ... 6
第四节 实施条件和人员要求 ... 7

第二章 组织中的人力资源数据 ... 12
第一节 大数据类型与特点 ... 12
第二节 组织中的人力资源数据 ... 19
第三节 人力资源大数据分析方法 ... 31

第三章 数据驱动的人力资源规划 ... 47
第一节 人力资源规划的概念、意义和发展 ... 47
第二节 人力资源规划的方法 ... 52
第三节 数据驱动的人力资源规划 ... 61

第四章　数据驱动的招聘 ······ 77

第一节　传统理论和方法 ······ 77
第二节　新招聘技术和方法 ······ 85
第三节　招聘数据指标汇总 ······ 100

第五章　数据驱动的培训与开发 ······ 106

第一节　培训开发理论与方法 ······ 106
第二节　数据驱动的培训与开发新方式 ······ 112
第三节　数据化培训与开发的流程与实践 ······ 124
第四节　领导力开发与职业生涯发展 ······ 132

第六章　数据驱动的绩效管理与激励 ······ 141

第一节　绩效管理的模型和方法 ······ 141
第二节　数字化绩效管理 ······ 145
第三节　激励理论、模型与方法 ······ 156
第四节　数字化与员工激励 ······ 162

第七章　员工敬业度与离职分析 ······ 174

第一节　敬业度模型 ······ 174
第二节　敬业度定量分析 ······ 179
第三节　离职模型 ······ 183
第四节　离职预测 ······ 186
第五节　小结 ······ 190

第八章　人力资源分析展望 ················· 199

　　第一节　理论基础 ················· 200
　　第二节　数据收集与效度 ················· 201
　　第三节　数据隐私 ················· 203
　　第四节　组织管理变革 ················· 204

第一章
绪 论

随着中国经济和社会长期稳定高速发展,中国的企业和组织发生了前所未有的变化。近年来,随着信息技术的快速发展,出现了越来越多的智能化生产方式和产品以满足人们生产和生活中的各种需求,人们的社会生活、消费习惯、工作方式、交往模式等都发生了较大变化。在这种大数据和人工智能的新形势下,传统的人力资源管理模式在现有的企业模式下是否仍然适用,值得企业实践者与学者们思考(赵曙明,张敏,赵宜萱,2019)。

人力资源管理的发展经历了多个阶段。从传统的人事管理阶段,到人力资源管理阶段,到战略性人力资源管理阶段,再到更加强调个体的人力资本管理或人才管理阶段,在这个发展过程中,对人性假设的认识更加深入,对个体的作用更加重视,人力资源管理模式也不断发展,越发完善。随着大数据技术日臻成熟,组织收集、储存、分析和利用人力资源管理的海量数据变得更加便捷。人力资源分析方法也应运而生,并深刻地推动人力资源管理模式变革。利用数据分析思维重塑人力资源管理成为人力资源部门应对挑战、支撑企业长期竞争优势的关键。

第一节 人力资源分析的概念

人力资源分析是循证式管理思想在人力资源管理实践中的应用方式之一。循证式管理（evidence-based management）是指做决策时，通过认真、明确和明智地使用来自多个来源的最佳证据，将实际问题转化为可回答的问题，系统地搜索和检索证据，批判性地评估证据，将证据汇总在一起，将证据纳入决策过程，然后评估所做出决策的结果。

人力资源分析（Human Resource Analytics，HRA）有多个相近的名称，包括人员分析（People Analytics）、人力分析（Workforce Analytics）、人才分析（Talent Analytics），这些词的含义接近。从文献发表时间来看，人力分析相对较早，在1999年就被数据分析公司所推荐。人力资源分析在文献中最早出现在2003年至2004年。人才分析在2006年左右被人才管理类机构推荐。人员分析的使用主要在2013年前后，因为谷歌的数据化人员运营团队的成果而广为人知。在这些术语中，人力资源分析是最常见的称呼（Marler & Boudreau, 2017）。

因为人力资源分析是一个不断发展的领域，对于人力资源分析的界定也并未定型，不同学者定义不同。比如马勒和布德罗（Marler & Boudreau, 2017）认为，人力资源分析是一种信息技术支持的人力资源管理实践，它对来自人力资源过程、人力资本、组织运营、外部经济状况等数据进行描述性、可视性和统计性分析，以建立业务影响力和实现数据驱动的决策。姚凯和桂弘诣（2018）认为，人力资源分析是在人力资源管理中通过数据建立完整的逻辑链条。它通过对数据进行分析，得到有价值的信息，最终构建一个完整的逻辑框架，建立从人力资源举措到组织目标之间的逻辑联系。

虽然学者定义不同，但能发现人力资源分析有以下几个特征：（1）人力资源分析并不是人力资源指标（HR Metrics），它也包括对人力资源相关数据的复杂分析；（2）人力资源分析并不只包括人力资源部门数据，还包括其他部门数据和组织外部数据；（3）人力资源分析包含利用信息技术去收集、处理和汇报数据；（4）人力资源分析结论要用来支持人事相关决策；（5）人力资源分析将人事决策和业务结果、组织绩效连接起来。

在本书中，我们借鉴前人研究，将人力资源分析定义为一种信息技术和数据科学支持的人力资源管理方法，它从人力资源角度切入，获取和分析组织内外的人力资源和相关类型数据，将分析结果应用于人力资源管理决策，使人力资源管理对组织产生更多价值。

第二节 人力资源分析的缘起和发展

管理学的各个领域都在引入定量方法。数据分析已在财务、金融、运营管理、市场营销等领域取得了丰硕成果，但人力资源部门依然处于数据分析的初始阶段，其管理职能的实现主要建立在经验和直觉的基础上（姚凯，桂弘诣，2018）。长久以来，人力资源部门被认为是商业组织中最少数据驱动的部门（Bersin, 2012; Davenport, 2014）。虽然有一些软件公司提供了人力资源信息系统，但是其作用更多在于记录人事数据，以描述性统计为主，比如员工人数、年龄、薪酬、出勤率等。人力资源部门在实际工作中，并不依赖于数据，而更多依赖经验和直觉进行人力资源规划、招聘、培训发展、薪酬激励、绩效管理等工作。这种方式也使人力资源管理工作缺乏实证依据，在和财务、生产、运营、市场等部门竞争组织内话语权时缺乏说服力。

近年来，商业组织中的数据实现了大规模增长（George, Haas & Pentland, 2014）。大数据分析和算法技术同样快速发展，能够从数据中获得更多有价值的发现。这给人力资源部门向数据驱动转型提供了前所未有的战略机遇（刘善仕等，2018）。在组织中，人力资源数据平台上已经包括了员工的个人资料、薪酬、绩效等数据。现在员工在组织内工作时的生理、行为、人际关系、网络信息等数据也逐渐能够获取。大数据能够成为分析个体、团队和组织行为的潜在有力工具（George et al., 2014）。人力资源部门如何用好数据分析这个工具，像当年的财务、市场等部门一样，实现向数据驱动决策的转型，是人力资源管理面临的重要挑战（Fairhurst, 2014）。在人才的重要性日益凸显、企业间人才竞争加剧的形势下，利用大数据技术重塑人力分析和人力资源管理成为人力资源部门应对挑战、支撑企业长期竞争优势的关键。尽管很多人力资源决策需要直觉和经验，但人力分析有助于使人力资源管理向专业和严谨的方向发展（Ulrich & Dulebohn, 2015）。

近年来，主要的科技巨头包括谷歌、微软、IBM和领英等都开始开发软件或平台，以对人力资源政策和产出进行数据分析，涉及内容包括招聘、薪酬、员工敬业度和离职管理等（Cheng & Hackett, 2019）。随着人力资源分析思想逐渐被业界接受，越来越多其他行业的企业也开始进行相关实践。比如德勤公司发现简历上的语法正确程度对销售人员绩效预测力要高于其在校成绩。施乐公司发现人格类型对离职具有预测力，企业可据此结果做离职管理。有市场研究公司认为，到2022年人力分析市场将会超过10亿美金。这些都表明人力资源分析在业界已经得到重视，正在蓬勃发展。

和管理实践者积极尝试相比，学术界对人力资源分析的关注较少，但近几年有逐渐增加趋势。Cheng & Hackett（2019）从人力资源算法角度切入，对其进行综述。他们提到，人力资源算法是算法在人力资源领域的应用，是人力资源分析的技术核心。总体来讲，算法可以分为两种类型，一种是确定型（deterministic）算法，一种是概率型（probabilistic）算法。确定型算法目的是发现输入和输出变量之间的确定关系，如果输入变量A产生了输出变量B，那么A必须一直产生B。概率型算法目的是发现输入和输出变量之间的概率关系，这意味着输入变量A的出现会改变输出变量B出现的概率。确定型算法较多应用在数学、计算机科学等领域。概率型算法较多应用在解决现实生活中难以获得完美知识的情境。

人力资源分析依赖于人力资源算法。人力资源算法可能是确定型算法，也可能是概率型算法。管理科学中找到最优的员工行走路线即确定型算法。比如UPS公司通过对员工送货动作、开车动作、公路路线等参数进行分析，确定快递员最佳的行驶路线和送货方式。但是大多数人力资源管理研究者和实践者关心的事项往往本质上是概率型关系。比如外向性人格特点是否提高了销售员良好绩效的概率，这个效应有多大。人力资源研究中传统的回归分析即概率型算法的例子。但因为概率型算法并不保证正确性，不能直接得出因果关系，因此对于研究结果的外延推断要非常小心。虽然两种类型算法在人力资源分析中都有显著作用，但是整体上来讲，概率型算法在人力资源管理中的应用更为广泛。

人力资源算法相关论文在过去几十年间得到了发展。特别是在2014年以后，和人力资源算法相关的理论类文章和实践类文章都有较快发展。其中，发表在各类媒体、应用类期刊上的实践类文章的增长速度明显快于理论类文章（Cheng & Hackett, 2019）。从关注内容来讲，理论类和实践类人力资源分析论文关注点有明显差异。这两类文章均关注绩效管理和离职。理论类论文更多关注工作态度、集体谈判、劳动参与和战略人力资源管理，但这些领域实践类文章较少涉及。相反，实践类文章比理论类论文更多关注招募与甄选、培训与开发、薪酬，而理论类论文很少涉及。这也表明未来人力资源分析的理论研究可以更关注这三个领域。

一些人力资源管理的研究者对于人力资源分析持有谨慎和小心的态度（Angrave, Charlwood, Kirkpatrick, Lawrence & Stuart, 2016; Marler & Boudreau, 2017; Rasmussen & Ulrich, 2015）。有些人力资源管理研究者质疑分析软件对于决策的价值，比如安格雷夫等（Angrave et al, 2016）认为没有证据表明这些工具有战略价值。有学者认为如果缺少坚实的理论基础进行因果推断，分析技术可能会产生虚假的模型，进而对人力资源管理实践缺少价值。另外，有一些学者认为人力资源实践过于狂热地拥抱分析模型可能是管理一时的时尚（Rasmussen & Ulrich, 2015）。因此与业界相比，人力资源分析被学术界接受的程度相对较为初级。

第三节 人力资源分析步骤

虽然一些高科技企业和金融企业开始使用人力资源分析开展基于证据的人力资源管理，但总体而言人力资源分析仍然是一个新鲜事物。德勤公司在其2018年人力分析成熟度模型报告中指出，人力资源数据成熟度包括四个层次。第一层次特征为分散的数据和没有得到支持的管理结论，约14%受调查组织属于层次一；第二层次特征为合并的数据并开始建设阶段，约69%受调查组织属于层次二；第三层次特征为具有可获取的数据和利用数据进行分析阶段，约15%受调查组织属于层次三；第四层次特征为人力分析已成为惯例，并且和业务紧密结合，约2%受调查组织属于层次四。即，约17%的受调查组织达到了第三层次及以上。在2014年时，这个比率为4%，2015年时这个比率为8%。由此可见，业界对人力资源分析的接受和使用程度在逐步上升。

中国人民大学劳动人事学院联合用友公司在2018年对我国企业HR数字技术应用进行了调查，结果表明，只有不到10%的企业开始了人力资源分析的尝试，走在大数据使用的行业前端，尝试将更为复杂的分析工具和技术应用到人力资源管理领域中。这两个调查都表明人力资源分析的普及度不高，仍处在发展的初级阶段。

一般来讲，人力资源分析基本步骤如下：

（1）确定问题。这个阶段需要将具体的商业问题转为数据分析问题。人力资源分析问题来自管理实践。人力资源管理中遇到的问题，有一些可以用量化分析方法来获取思路，这时候需要把管理问题抽象为研究问题。

（2）研究设计。根据研究问题，进行研究设计，确定研究方案。

（3）数据收集。搜集数据，将数据结构化，存储和操作数据，完成数据层面准备工作。因为数据来源较多，结构不同，这个阶段往往会占用大量时间。

（4）数据分析。可用标准化的统计处理技术对数据进行初步分析，亦可采用机器学习和神经网络等方法对数据进行深入分析。

（5）报告结果。清晰地呈现和沟通数据分析结果。

（6）推动变革。根据分析结果，进行决策，开展管理变革。

（7）评估反馈。对管理变革的效果进行评估，根据评估结果对人力资源分析项目进行分析，并进一步优化人力资源分析方法。

人力资源分析的七个步骤循序渐进，并且循环往复。前一个阶段的人力资源分析项目成效信息，会对其他阶段提供反馈，据此进一步迭代，不断优化人力资源分析的模型和方法。

第四节　实施条件和人员要求

一、人力资源分析实施条件

人力资源分析实施需要多个条件。首先，人力资源分析是一个系统性工程，需要调用组织内各类数据，需要较多部门协助。因此组织高层领导者的支持至关重要。这是人力资源分析项目能顺利推进的基础。此外，人力资源分析过程需要将其他部门关键的利益相关者包括进来，获得他们的支持。比如家具零售企业Lowes在实施HRA之前，花了很长的时间从高层管理者和其他部门管理者获得信任和认可（Coco, Jamison & Black, 2011）。因此，作为一项可能影响较大的人力资源创新工程，获取组织内部理解、信任和支持是首要的工作。

其次，从分析技术上来讲，人力资源分析涉及多个学科，需要多类专业人员共同参加。一是，项目人员需要对人力资源管理业务相当熟悉，所以需要有人力资源管理的专业人士，并且成为人力资源分析项目的主导者。二是，人力资源分析涉及对员工的行为分析，因此需要有工业与组织心理学家参加。三是，人力资源分析需要进行复杂的建模计算，因此需要数据科学家、计算机专家的加入。此外，人力资源分析的数据和对象涉及多个部门，因此需要其他业务专家，比如金融财会专家。

但是有调查表明，人力资源从业者的分析技能不强。低于1/3的人力资源分析人员在多变量统计分析方面能力不足。如果把这个群体放宽到人力资源从业者整体，只有3%的人力资源从业者具有多变量统计分析的能力（Levenson, Lawler & Boudreau, 2005）。因为人力资源从业者缺乏数据分析技能，在IT技能和财务技能上也不强，因此他们在人力资源分析项目中处于主导地位会有难度（Bassi, 2011）。但是人力资源分析作为人事重要的举措，如果由IT部门或者财务部门主导，因为对人事工作不熟悉，可能会导致项目设计错误，或结果解释错误（Angrave et al., 2016）。因此，组建跨职能、跨专业团队是一个好的方法，但也需要人力资源从业人员提高自身在数据分析、IT和财务方面的技能。

再次，人力资源分析需要组织具备较完备的IT系统。亚拉等（Aral et al., 2012）研究表明，如果只有人力资源分析技术但是没有成熟的人力资源IT系统，那人力资源分析对绩效影响不显著。人力资源IT系统需要记录、储存人事相关数据，并且能够和组织内其他部门数据库打通。实际上，企业内部很多数据库彼此独立，并没有内部连接。系统数据也较多为非结构化数据，规范的结构化数据较少。系统提供的分析功能较弱，只能提供最初级的描述性分析。这都对企业基础的信息系统建设提出了要求。

二、人力资源分析者的胜任素质要求

人力资源分析者属于人力资源部门工作人员，但其工作素质要求具有一定的特殊性。莱文森（Levenson, 2011）认为，人力资源从业者如果要做人力资源分析工作，需要具备的技能包括基本数据分析、中阶数据分析、基本多变量模型、高阶多变量模型、数据整理、原因分析、研究设计、调查设计、定量数据收集与分析等。

Levenson的能力需求主要关注技能，其基础假设为这些人力资源分析人员已经是人力资源从业者。如果我们把人力资源从业者的部分素质也考虑进来，就能得到一个更全面的素质模型要求。从综合角度来看，人力资源分析从业者应该具备以下两大方面素质能力。第一方面是技术类能力和技能，第二方面是非技术类能力和技能。技术类能力和技能包括统计和心理测量、研究方法、问卷设计、基本数据分析和数据管理、高阶数据处理（比如机器学习、文本分析）、数据可视化、工业组织心理学（包括工作分析、招募和选拔、胜任模型、领导力评价与开发、学习与发展、员工敬业度等）。非技术类能力和技能包括沟通、影响力、商业敏感性、人际和社交技能、合作关系等。只有具备了技术类、非技术类能力和技能，才能更加有效地开展人力资源分析工作。

参考文献

[1] 刘善仕，孙博，葛淳棉，等. 组织人力资源大数据研究框架与文献述评[J]. 管理学报，2018, 15(7): 1098−1106.

[2] 姚凯，桂弘诣. 大数据人力资源管理：变革与挑战[J]. 复旦学报（社会科学版），2018(3): 146−155.

[3] 赵曙明，张敏，赵宜萱. 人力资源管理百年：演变与发展[J]. 外国经济与管理，2019, 41(12): 50−73.

[4] ANGRAVE D, CHARLWOOD A, KIRKPATRIC I, et al. HR and analytics: why HR is set to fail the big data challenge[J]. Human Resource Management Journal, 2016, 26(1): 1−11.

[5] ARAL S, BRYNJOLFSSON E, WU L. Three-way complementarities: performance pay, human resource analytics, and information technology[J]. Management Science, 2012, 58: 913−931.

[6] BASSI L. Raging debates in HR analytics[J]. People & Strategy, 2011, 34: 14−18.

[7] BERSIN J. How BigData tools helps HR understand you [J]. Forbes, 2012.

[8] CHENG M, HACKETT R. A critical review of algorithms in HRM: Definition, theory, and practice [J/OL]. Human Resource Management Review, 2019 (6) [2019-06-21]. https://doi.org/10.1016/j.hrmr.2019.100698.

[9] COCO C T, JAMINSON F, BLACK H. Connecting people investments and business outcomes at Lowe's: using value linkage analytics to link employee engagement to business performance [J]. People & Strategy, 2011, 34: 28 - 33.

[10] DAVENPORT T H. Big data at work: dispelling the myths, uncovering the opportunities [M]. Boston, MA: Harvard Business Review Press, 2014.

[11] FAIRHURST P. Big data and HR analytics [J]. IES Perspectives on HR, 2014: 7-13.

[12] GEORGE G, HAAS M R, PENTLAND A. Big data and management [J]. Academy of Management Journal, 2014, 57(2): 321 - 326.

[13] LAWLER III E E, BOUDREAU J. Global trends in human resource management: a twenty year analysis [M]. Stanford, CA: Stanford University Press, 2015.

[14] LEVENSON A. Using targeted analytics to improve talent decisions [J]. People & Strategy, 2011, 34: 34 - 43.

[15] LEVENSON A, LAWLER III E E, BOUDREAU J W. Survey on HR analytics and HR transformation: feedback report [R]. Los Angeles, CA: Center for Effective Organizations, University of Southern California, 2005.

[16] MARLER J H, BOUDREAU J W. An evidence-based review of HR analytics [J]. The International Journal of Human Resource Management, 2017, 28(1): 3 - 26.

[17] RASMUSSEN T, ULRICH D. Learning from practice: How HR analytics avoids being a management fad [J]. Organizational Dynamics, 2015, 44(3):

236-242.

[18] ULRICH D, DULEBOHN J. Are we there yet? what's next for HR? [J]. Human Resource Management Review, 2015, 25(2): 188-204.

[19] Zion Market Research.Global Workforce Analytics Market Will Reach USD 1056. Million by 2022: Zion Market Research. 38GlobeNewswire [EB/OL] [2017] https://globenewswire.com/news-release/2017/09/19/1124696/0/en/Global-Workforce-Analytics-Market-Will-Reach-USD-1056-38-Million-by-2022-Zion-Market-Research.html.

第二章

组织中的人力资源数据

第一节 大数据类型与特点

一、大数据是什么?——"大数据"的概念及来龙去脉

组织科学家往往对跨时空、跨群体、跨层次的现象颇有兴趣。历史经验证明,收集跨越两个以上分析级别或包含多个时间点的数据一直是极富挑战性的,这限制了过去研究的认知面。可喜的是,近年来,随着科技的进步和研究人员可用数据源的增加,包含极大量的记录、变量、时间点或层次的数据集诞生并得以为人所用,这使大数据逐步走进了组织管理学科(Braun, Kuljanin & Deshon, 2018)。

尽管"大数据"(big data)这个词直到最近才受到人们的高度关注,但早在1980年,著名未来学家托夫勒(Toffler, 1980)在其所著的《第三次浪潮》中就热情地将"大数据"称颂为"第三次浪潮的华彩乐章"。大数据自问世以来,就成为不断冲击互联网信息技术行业的热频词,并不断植入各行各业,让更多的传统产业具备转型升级的可能,从单一的技术概念逐渐转化为新要素、新战略、新思维。然而关于大数据的具体定义,学术界及业界众说纷纭。麦肯锡全球研究所发布的研究报告《大数据:创新、竞争和生产力的下一个前沿》将大数据定义为"一种规模大到在获取、存储、管理、分析方面大大超出了传统数据库软件工具能力范围的数据集合"(Manyika et al.,

2011）。大数据研究机构Gartner给大数据下过这样的定义："大数据是一种基于新的处理模式而产生的，具有强大的决策力、洞察力以及流程优化能力的，多样性的、海量的且增长率高的信息资产。"（Clifford，2008）。维基百科将大数据定义为"在特定的时间范畴内，无法运用常规的软件工具对其内容进行抓取、管理和处理的数据集合"。类似地，Rstudio 的首席科学家哈德利·威克姆（Hadley Wickham）将大数据定义为"那些体积太大以至于无法在一台计算机上打开的数据集"（Wickham，2015）。大数据也被学者生动地描绘为新一代技术（计算、动力和普及性）、空前的算法架构（通过有效的数据集识别模型）和神话（深挖客观真相）的交集（Boyd & Crawford，2012）。目前国内比较权威的是徐子沛（2012）在其著作《大数据》中的定义："大数据是那些大小已经超过了传统意义上的尺度，一般的软件工具难以捕捉、存储、管理和分析的数据。"也有学者试图将大数据的定义从数据的大小转移到其"智能性"，即它能够在多大程度上提供所需的数据信息供研究人员进行细粒度的分析，从而有效地解释和预测行为和结果（George et al.，2014）。

二、大数据特征

根据Garter公司分析师道格·拉尼最初提出的定义，他认为大数据所具有的特性可以用3"V"来描述，即数量大（Volume）、速度快（Velocity）、类型多（Variety）。

数据规模庞大往往是大家对大数据最直观的认知。根据学者的定义，这一概念是构成大数据的唯一标识符，这些数据集太大以至于超过了传统的数据处理应用软件可以处理的范围（Wickham，2015）。过去常见的数据存储单位是KB和MB，一个常规的Excel表格或Word文档大小多为几十KB，至多以MB计量，而现在的数据量级从GB至EB乃至ZB都不足为奇，它们的数量关系如下所示：

$$1MB=1024KB$$
$$1GB=1024MB$$
$$1TB=1024GB$$
$$1PB=1024TB$$
$$1EB=1024PB$$
$$1ZB=1024EB$$

更直观一些，1PB相当于536870912个汉字，百度公司每天处理的数据量将近100PB，相当于5000个中国国家图书馆的信息量总和。IDC（互联网数据中心）预测，到2020年，全球数据总量将达到40ZB（400亿TB），这意味着如果建一个机房来存储这些数据，那么这个机房的面积将比48个鸟巢体育场还大。

大数据的第二个特征要素是大数据的高速度，即实现数据的快速流转。大数据的"快"体现在两个方面：一是"产生快"。有些数据"爆发式"产生，而有些数据是"涓涓细流式"产生，但众多的用户数量短时间内产生的数据量依然非常庞大，例如每个用户的点击流、GPS位置信息等。而且由于互联网和移动通信设备使用量的增长，数据每天24小时甚至每秒都在流动。"涓涓细流"也可以汇成"大江大河"。二是"处理快"。正如水处理系统既可以处理水库调出的水也可以处理对涌进来的新水流（钟沐旸，2017），大数据也有批处理（Batching Processing，一系列相关的任务按顺序或并行的，一个接一个地执行，批处理的输入是在一段时间内收集好的数据，每次批处理的输出都可以是下次批处理的输入）和流处理（Streaming Processing，系统需要接收并处理一系列连续不断变化的数据）两种范式，从而实现快速的数据处理（Kumar, 2012）。在数据处理速度方面，有一个著名的"1秒定律"或称为"秒级定律"，对大数据处理速度提出了要求，即要求分析结果在秒级时间范围内产生，若时间太长就会失去价值（喻国明等，2014）。大数据是一种以实时数据处理、实时结果导向为特征的解决方案，这个速度要求也是将大数据处理技术与传统的数据挖掘技术区分开来的关键

（吴甘沙，2014）。

　　第三个需要考虑的特征便是大数据的多样性。多样性意味着数据可能以非常见的来源和多样的形式存在。当然这并不表示大数据必须来自多个数据源或一定包含许多不同类型的变量，实际上，大多数公开可用的大数据（例如谷歌BigQuery上可用的数据集）都来自一个或两个数据来源。乌西等（Uzzi et al.，2013）也对Web of Science上近1800万篇文章中的所有引用文献进行了分析，将其中可能的二元对进行组合，最终形成了样本总数超过1.2亿的海量数据集。尽管需要研究人员花费一年的时间在超级计算机上进行分析，但该数据集仅包含来自单一来源的单个变量。不过通常来说，数据大小与数据类型或数据源的多样程度保持一致，除了从计算模拟和实验室实验等传统研究方法获取数据外，也可以从社交软件、搜索引擎或智能电子传感器等新方式获得行为追踪数据、档案数据等原始、半结构化和非结构化数据。数据来源越广，数据类型越多，数据体积越大（Braun, Kuljanin & Deshon, 2018）。

　　在处理大数据时，除了我们关注的这3个"V"之外，IBM商业价值研究院与牛津大学赛德商学院共同发布的白皮书《分析：大数据在现实世界中的应用》重新定义和完善了大数据"4V"理论，认为大数据具有4V特性：数量（Volume）、多样性（Variety）、速度（Velocity）和真实性（Veracity）。IBM认为，尽管前3个"V"已经定义了大数据本身的关键属性，但真实性也是企业亟须考虑的重要特征（孟小峰，慈祥，2013）。

　　随着社交网络数据、企业关联数据、交易与应用数据等新数据源的兴起，传统数据源的格局被打破，企业愈发需要更精准有效的信息以确保其真实性及安全性。我们举一个例子来说，时长为一小时的视频，在对其不间断的监控过程中，可能对监控者有用的数据仅仅只有一两秒。这也促使数据所有者充分利用数据融合技术，并采用先进的数学方法来提升数据质量，从而实现更高的价值创造。而这也引出了我们处理大数据时又一至关重要的"V"，这第5个"V"代表价值（Value, Barwick, 2012）。通常海量数据中仅有少量是有价值的数据，普遍存在着数据资源价值量偏低、标准化与准确性偏低、整体利用率不高的现象，但价值密度低的数据经过清洗整合等处理后，通常具有很高的商业价值。对于大数据，不仅应该搜集它，更重要的是挖掘它，即从中寻找关系、重点、规律，洞察其发展趋势，从而为经营者管理战略的调整实施提供决策信息（王通讯，2014）。没有价值的大数据只能成为噪声数据。

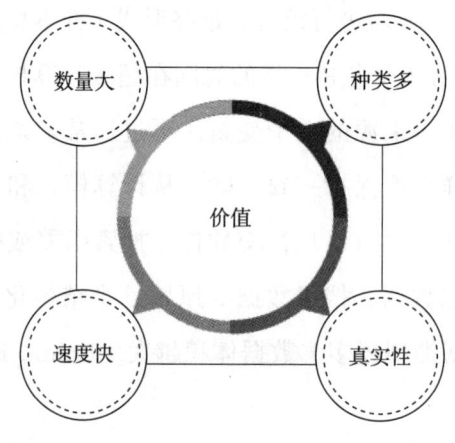

图2-1　大数据特征

三、大数据分析技术与应用

（一）大数据分析技术

1. 数据收集与预处理

数据采集是大数据生命周期中的第一个环节。根据MapReduce产生数据的应用系统分类，4种大数据采集来源分别是：管理信息系统、Web信息系统、物理信息系统以及科学实验系统（Hilbert & Lopez，2011）。而收集的大量数据可能是"不完美"的，即可能包含不一致和冗余的信息，无法直接推进至数据挖掘过程。数据预处理能够使数据适应每种数据挖掘算法所提出的要求，从而处理原本不适用的数据。数据与处理主要是进行数据准备和数据规约，前者包括数据转换、集成、清理和标准化，后者的目的是通过特征选择、实例选择或离散化来降低数据的复杂性，为后续查询和分析处理提供统一的数据基础（García et al., 2016）。

2. 数据存储与管理

大数据库需要达到3个标准（3H）：高性能（High Performance）、高存储量（Huge Storage）、高扩展性和高可用性（High Scalability and High Availability）。高性能主要指满足对大规模数据的读写和检索的需求，高存储量是指要满足对海量数据的高效率存储和访问的需求，而大数据时代数据增长的速度往往超出人们的预期，因此数据库在使用一段时间后达到存储极限时需要对其进行扩展，这也就是大数据库高扩展性和高可用性（王爱敏等，2017）。传统的关系型数据库（SQL）具有峰值性能、伸缩性、容错性、可扩展性差等特性，难以满足大数据背景下海量数据的柔性管理要求（申德荣等，2013），现主要采用云环境下的典型云存储系统，如NoSQL（Not only SQL）存储系统或可扩展的数据管理系统（关系云系统，Brantner, et al.,2008）。NoSQL数据库是指非关系型的、分布式的，不保证遵循事务的ACID原则（原子性、一致性、隔离性、持久性）的数据存储系统（刘高军，段然，2016），它在集群上使用良好、无模式且适合互联网应用场景，如谷歌的BigTable（分布式存储系统，Chang et al., 2006）、基于HDFS（分布式文件系统，Borthaku，2009）的HBase（分布式存储系统，Hbase Development Team，2009）。而可扩展的数据管理系统是侧重于将数据库系统扩展到云环境下从而使关系云支持海量数据管理的典型系统（申德荣等，2013），如微软的SQL Azure（运行云计算的关系数据库服务，Campbell, Kakivaya & Ellis, 2010）和MIT（麻省理工学院）的Relational Cloud（云数据库，Curino et al., 2011）。

3. 数据计算

仅仅实现数据的存储是远远不够的，数据存储与计算也紧密相连（王爱敏等，2017）。但当数据存储的规模变大，每个计算步骤耗费的时间增加，数据计算速度也会相应变慢，传统算法显然难以满足大数据计算要求。于是数据计算模式应运而生，计算模式也就是通过自然语言处理让计算机"理解"自然语言，根据大数据的不同数据特性和计算特征，可以根据各种需求和计算问题提炼、建立的各种高层抽象（abstraction）或模型（model）来进行精准的数据计算。大数据计算模式主要有三种形态：批处理（batch processing）、实时处理（real-time processing）以及综合处理（hybrid processing）。Hadoop是最典型的、应用最为广泛的批处理技术之一，Yahoo!（雅虎）的pig和Facebook（脸书）的Hive也是较稳定的批处理技术。内森·马兹（Nathan Marz）创建并由Twitter（推特）开源发布的Storm和Yahoo! 的S4都是典型的流数据计算体系结构（Meng & Ci, 2013; Lim, Misra & Mo, 2013; Li, Mazur & Diao, 2012; Yang, Rundensteiner & Ward, 2013）。而混合处理模型始于2012年Nathan Marz开发的Lambda体系结构（Casado & Younas, 2014）。

4. 数据挖掘

大数据分析的理论核心是数据挖掘算法。多样化的数据挖掘算法可以根据不同的数据类型和格式更科学地呈现出数据本身的特征，并能深入数据内部挖掘出数据的价值，数据挖掘算法侧重于应用计算机技术解决实际问题（Kobayashi et al., 2018）。IT行业内普遍接受的数据挖掘的定义是"数据挖掘是从大量的、不完全的、有噪声的、模糊的、随机的实际数据中，提取隐含其中的、人们不知道的但又是潜在有用的信息和知识的过程"（Frawley et al., 1992）。广义的数据挖掘等同于"在数据中发现知识"（KDD），而狭义的数据挖掘只是知识发现过程的一个步骤。通常数据挖掘的三层架构为：底层是数据仓库服务器，中间层为数据挖掘引擎，而顶层为数据展示服务器（Han, Pei & Kamber, 2011; 王爱敏等, 2017）。

5. 数据分析与可视化

对大数据的深度分析主要基于大规模的机器学习技术，在大数据分析的应用过程中，可视化可以帮助人们通过交互式视觉表现的方式探索和理解复杂的数据。面向大数据主流应用的信息可视化技术主要包括文本可视化、网络（图）可视化、时空数据可视化、多维数据可视化技术（Ren, 2009）。而目前支持可视分析的人机交互技术，主要包括支持可视分析过程的界面隐喻与交互组件、多尺度/多焦点/多侧面交互技术、面向Post-WIMP的自然交互技术。

（二）大数据应用

以上大数据所运用到的技术并非大数据专用，也可以灵活应用在小数据上，也就是说可以借鉴大数据的思想和技术，用于组织经营管理数据如人力资源数据的分析中。

组织和组织研究人员可以利用大数据来提高他们对工作场所特征（例如文化、结构、薪酬），员工特征（例如能力、个性、技能），组织动态（例如离职、选择、竞争）以及行为过程（例如协作、领导、社会关系）的掌握程度。以下是大数据信息化的一些情形：（1）通过元分析数据库（例如metaBUS平台）从成千上万的组织员工处收集信息，以评估各种指标（例如认知能力、个性）预测组织管理成果（例如绩效、组织承诺、满意度、文化）的有效性；（2）通过跟踪技术收集工作场所中员工及所在团队的连续性工作信息，从而更好地了解哪些人是主导工作项目完成的核心成员；（3）通过计算技术（例如Draftback）收集员工的过往工作记录，以调查特定员工如何完成特定的工作任务，并将之作为设计员工个性化培训计划的依据。组织管理中大数据的收集和分析为组织管理者更全面地加强对个人、团队和组织的理解提供了可能性和有效支持（Matlin，2015；Braun，Kuljanin & DeShon，2018）。

第二节 组织中的人力资源数据

一、人力资源大数据的概念及特点

（一）人力资源大数据概念

人力资源大数据，顾名思义，组织中人力资源相关的数据信息都是人力资源大数据的范畴。刘善仕等（2018）认为，人力资源大数据是指在信息技术和互联网技术发展的背景中生成的海量数据集，可以反映组织及其个体的行为、关系或状态，并能够用于宏观、微观层面的人力资源管理研究。也是为人力资源管理中的决策支持、洞察发现和流程优化提供潜在价值的一切大数据的集合（姚凯，桂弘诣，2018）。而要想发挥大数据真正的商业价值，还需有效管理数据。大数据人力资源管理是指充分运用各类（大）数据处理技术来获取和分析包括人力资源大数据在内的一切有价值的数据，并将其转化为与人力资源管理相关的管理洞察，用于指导人力资源管理实践，最终实现组织价值提升的人力资源管理模式（姚凯，桂弘诣，2018）。大数据人力资源管理实际上就是组织中的人才分析。其实质是通过人力资源管理中的数据形成完整的逻辑链，通过挖掘原始数据来获得有价值的信息，最后通过完整的逻辑框架建立起从人力资源到组织目标间的逻辑关联（Momin & Mishra，2015）。

（二）人力资源大数据特点

1. 相关性

人力资源数据的一个重要特点便是相关性，这种数据间的相关性体现在业务数据内部相关、与经营数据相关和与企业外部数据相关等方面。人力资源本身的数据中，培训、薪酬、绩效等数据都是员工个体产生的相关联的数据；人力资源数据也与其他经营数据有较高的关联度，如公司经营效益较好时，员工薪酬会上升，培训经费会有所增加，公司招聘需求也更大，而效益欠佳时，培训经费会降低，员工福利薪酬都有可能受损，也有裁员的可能性（蔡治，2016）；就外部数据的相关性而言，一方面如员工的薪酬福利水平等数据在很大程度上会受到政府发布的工资标准、"五险一金"基数等影响，另一方面，行业对标的薪酬调研数据、劳动力市场趋势报告等数据以及竞对公司的各方面数据也有较大关联度（王爱敏等，2017）。外部数据的变动会直接影响公司人工成本。

2. 分散性

企业中可用于人才分析的人力资源数据多来源于内部员工的人事档案数据、绩效考评数据、岗位数据、业务数据等，若需进行人力资源效能分析，则需要公司经营方面的数据核算劳动生产率、人工成本创立、人工成本创收等指标；若进行薪酬公平性分析，则需了解企业外部的行业薪酬数据；若进行人员流动性分析，则需获取行业或岗位流动率对标数据等。首先，就人力资源数据而言，由于信息系统设计建设的局限性，招聘数据、培训数据、测评数据、评估数据等无法实现完全互联互通；其次，人力资源之外的数据，如经营数据，需要与财务部、市场部、业务部等部门对接获取（Fairhurst，2014），而这些数据攸关各部门利益，并非公开共享数据；最后，外部行业对标数据需要进行网络搜索或向咨询公司、行业研究机构购买，这也在一定程度上体现了数据的分散性和数据搜集的制约性。

3. 流转性

基本上所有的人力资源数据都贯穿在人力资源六大模块中，各模块充分交互、数据迅捷流通，模块间渠道流转的通畅性也才确保了数据的完备性、连续性、一致性和有效性，以实现人力资源系统正常运转。人力资源端的数据沉淀下来，并与其他业务系统相关数据共同进行分析处理，为人力分析提供数据储备。

4. 非标准化

人力资源数据的另一大特点是数据的非标准化，即人力资源数据的统计指标、统计口径和计算公式等都缺乏统一规范的测度标准（蔡治，2016）。财务数据往往具有较高的标准化程度，常见的财务报表（资产负债表、利润表、现金流量表）都有基于会计准则的统计标准，有统一的数据统计口径及标化的计算方法。而人力资源数据的统计核算在不同企业中可能存在较大差异，就统计指标而言，若需分析人工成本投入和产出，既可以用百元人工成本创利、百元人工成本创收，也可以用劳动分配率、人事费用率或人工成本占总成本费用比等指标；就统计口径而言，如当核算劳动生产率时，有些企业会依据与公司签订劳动合同的员工计算，有些企业将派遣员工也合并计算，也有企业将外包业务员工也一并统计核算（蔡治，2016）。

二、人力资源大数据的来源与数据类型

人力资源数据在一定程度上来说不算是严格意义上的大数据，大数据的特点是海量的数据规模，而一个企业中产生的人力资源数据往往很难达到此量级规模。现阶段，人力资源管理中仍然存在着大量的、结构规模符合大数据要求的个人、流程数据，因此大数据对于有效发挥人力资源管理职能的积极作用不可小觑（陈莉玥，2014）。大数据时代背景下的人力资源管理应该能跟得上时代的要求，实现人力资源管理的转型升级，充分把握人力资源数据的动态性、时效性，实现精准化、敏捷化、智能化、个性化、信息化（王通讯，2016）。

就人力资源管理领域而言，"大数据"来源于人力资源部门所开展"人"与"事"的各类工作，其中产生的业务、资料、政策、行为、过程等信息内容，覆盖了员工工作、生活、学习、发展等各个方面（陈莉玥，2014）。其来源主要是企业内部管理信息系统、各级单位上报数据、内部调研反馈、在线搜索引擎、在线劳动力市场、网络职业招聘平台、社交网络应用、行业研究机构、公共政府部门等（刘善仕等，2018）。

在具体实施过程中，根据数据的性质可将人力资源数据分为事实性数据和整合性数据。事实性数据也可根据数据产生的场所分为组织内数据和组织外数据（李育辉等，2019），组织内数据由员工个人层面的数据、招募数据、项目数据、绩效数据组成。这类事实性的数据通常是企业中的人事档案信息，是人力资源管理中最基本的信息数据和多数分析的基础。尽管组织内部数据可以为人才分析项目提供很高的参考价值，但综合利用内部、外部两方面数据，可以更加有效地为组织中的人事决策提供尽可能全面、客观的信息（萧鸣政，唐秀锋，2017）。组织外数据包含但不限于个体数据、行业调研数据、政府发布政策数据，组织主要通过付费购买或使用公共数据的途径来收

集决策所需的组织外数据。而整合性数据往往是通过对基础事实性数据进行计算、分析或挖掘得到的，是综合整理和关联运算出来的综合性数据，比如平均招聘成本、人均效应等。具体如表2-1所示。

表2-1 人力资源大数据类型

数据性质	数据层次	数据类型	主要指标
事实性数据	组织内数据	基础数据	人员数量结构、性别、年龄、教育经历、家庭情况、健康状况、工作年限、过往履职情况、现任职务、岗位级别、任期、薪资、技能特长等
		招募数据	人才招聘、人才选拔、人才安置费用等
		项目数据	人才培训与开发、领导力培养、组织核心战略、团建及工会等活动与项目参与记录
		绩效数据	绩效评价等级、360°评价数据、目标完成数据、继任人才计划、出勤记录等"八小时内行为数据"、奖惩情况等
	组织外数据	个体数据	网络使用（关注、分享、发帖等）、消费、社交（频次、内容、语气等）、出行、情感行为等
		行业数据	行业对标薪酬福利水平、劳动力市场趋势等
		政策数据	政府发布的工资标准、"五险一金"基数及缴纳年限、城市落户政策等
		网络数据	百度/微博/搜狗指数、百度/谷歌趋势等
整合性数据	—	—	人力资源效率（如平均人力成本、人力成本占比）、招聘效率（如平均招聘成本、招聘渠道效率）、培训效率（如培训计划完成率、培训员工覆盖率）、员工关系管理效率（如社保参保率、劳动合同签订率）等

注：根据相关资料整理所得

三、人力资源大数据典型应用

（一）人力资源大数据思维习惯

随着大数据技术的深入人心，很多大数据领域的研究学者、技术专家、战略专家等开始提出、解读并丰富大数据思维概念的内涵和外延。总体来说，数据时代带来的三个显著颠覆传统的思维转变是全样思维、容错思维和相关思维。

1. 全样思维

抽样的统计方法在数据采集难度大、分析和处理困难的时候，的确是一种非常好的方法，曾经极大地推动了社会的发展。抽样的好处显而易见，坏处也显而易见。抽样可以在客观条件有限的情况下得出一个相对靠谱的结论，使得研究有的放矢。然而抽样也带来了新的问题。首先抽样是不稳定的，从而导致结论与实际可能差异非常明显。而且在很多情况下，不能抽样。大数据与"小数据"的根本区别在于大数据采用的是全样思维方式，而小数据强调抽样。在数据获取、处理及呈现的相关技术达不到实际要求，或成本远超过预期时，抽样不失为权宜之策。随着技术的发展，过去不可能获取、存储和分析全样数据的情况都将逐渐成为历史。大数据年代是全样的年代，我们更少去依赖传统的随机抽样，我们能够去获取然后分析更多的数据，甚至可以处理和某个特别现象相关的所有数据。

2. 容错思维

这种大数据全样本的分析模式会出现第二个思想转变，即容错思维。这种容错思维包含两层意思，第一层意思是我们会更加接近真实，而不再热衷于追求数据的精确度。在小数据年代，由于统计工具和方法的局限性，总体的数据特征只能利用随机样本对总体进行推断，因此抽样的"失之毫厘"就可能导致结论的"谬以千里"。为保证抽样得出的结论相对有效及稳定，人们对抽样的数据精益求精，容不得半点差错。而在大数据背景下，我们可以对全样数据全盘掌握，依靠概率评测发展趋势，而不是依赖一小部分数据判断。数据中的异常、纰漏、疏忽、错误都是数据的实际情况，其分析结果也是最接近客观事实的。

容错思维的第二层含义是所用数据相对粗糙，精细化程度不够高。除部分效率数据和潜力数据外，人力资源管理中的数据大多是基础数据、能力数据（陈莉玥，2014），此类数据特点就在于数据颗粒度较大，精细化程度不高。如需根据人力资源信息系统的数据信息识人用人，很难确切地将个体的所有情况标准量化评估。

3. 相关思维

全样思维和容错思维也促成了相关思维，也就是说我们不再执着于对数据间因果关系的逻辑推理，而是更侧重于关注相关关系的关联特性。因果关系是一种非常脆弱的关系，只要存在一个反例，因果关系就难以成立，而应用大数据时，数据体量庞大，因果关系建立的难度也显著增加。因此在大数据时代，相关关系相对于因果关系更有其合理性。在人力资源流动方面，有专家就曾发现方便面和榨菜等方便食品的销售量与国内劳动力的流动相关，博鳌论坛上也曾提出"啤酒指数"可预测农村外出务工人员流动趋势，而"扑克指数"也揭示出失业人数的变化，这都是人力资源大数据中重关联的体现。

（二）人力资源大数据分析路径

1. 描述性分析：过去发生了什么？

在描述公司现有人力资源管理情况时，可使用简单的统计词汇，例如平均值和标准差等。另外就是使用统一的标准。这都是对于员工或组织历史发展及现有情况数据形式的描述和呈现。

2. 诊断性分析：现在发生了什么？为什么？

大数据分析是"治病型"的，人力资源管理者做的事情往往是对症下药，通常企业的疑难杂症比表面症状要复杂得多，我们也更需要通过数据分析来发现内部的关联。有了大数据更有利于"明症"从而进一步"对症下药"来"解症"。

3. 预测性分析：会发生什么？

大数据分析要能"对症下药"，更能"未雨绸缪"。许多企业推进大数据运营的目的是提升企业绩效，提高运营效率，但大数据对企业的意义远不止于此，未来大数据的应用价值在于运用大数据解决业务问题，满足不断变化的市场需求，甚至通过大数据分析开拓新的业务方向并引领市场需求。追求价值最大化的过程中，企业应当主动出击，未雨绸缪，而非在竞争激烈的环境中被迫反应，在适当的时机，通过大数据洞察在小数据中难以发现的新兴趋势，使企业制定的战略更具有前瞻性。

经济全球化带来的世界经济环境巨变，使企业所面临的市场竞争也日益激烈，未来发展的不确定性空前巨大，致使企业很难通过当前市场环境预测未来发展方向及人才需求，一旦业务量激增却无法及时调整人才架构将错过发展机遇。而大数据的应用则能防患于未然。大数据能帮助企业全面洞察行业发展趋势，以便于企业结合自身战略目标对业务重点进行及时调整，并协助企业根据市场供求变化做好人力资源规划，建立优质的企业人才库（刘畅，2018）。

4. 建议性分析：知道会发生什么，应该怎样做？

如果数据分析只用于人力资源管理水平的提升，则显得狭隘了。若数据分析能给管理层提供有用的信息，能够影响和帮助公司做出正确的经营决策，才真正体现了数据分析的价值。例如，我们通过投入—产出比等数据对各分公司的人力资源管理效能进行分析，再结合行业对标数据，对公司次年的人岗配置、薪酬分配提出相应的优化方案，管理层也可以根据获得的这些分析和方案科学调整公司的经营指标和预算，更合理地给分公司下达经营任务等。这其中数据分析的内容就成为重要的决策依据（蔡治，2016）。

(三) 人力资源大数据应用场景

循证管理是基于证据来进行决策和组织管理，使企业管理者将最佳的、确凿的事实证据与决策者的专业知识以及客户的偏好相结合，以指导实践取得更理想的结果（Sackett et al., 2000），而不是依靠常识或经验进行管理。在大数据技术日益成熟的今天，循证管理是必然趋势（刘昕，江文，2012）。

当前大数据深刻地影响了人们的正常工作和生活，全面改善了各行各业的经营管理模式。大数据对于人力资源管理从业者来说更是良机，能给企业带来新的思维和工具并加速人力资源管理的改革和发展（刘畅，2018）。大数据的管理积极地促进了人力资源商业智能（HR-BI, Human Resource-Business Intelligence）的发展，HR-BI通过数据对全流程人力资源过程监控，对人力资源管理监控分析。

人力资源管理信息化（e-HRM）利用计算机硬件、软件和电子网络资源配置，并通过组织边界内和跨越组织边界的个人或组织层面的交互来实现人力资源管理活动等流程，如政策、实践和服务（Marler & Fisher，2013）。它将会给人力资源管理从业者的职能带来根本性的改变。目前诸多企业已经将大数据的管理理念引进到人力资源管理工作中，不断完善管理工作，提高管理水平（刘畅，2018）。这也可以理解为循证人力资源管理（Evidence-based Human Resource Management），即循证思维在人力资源管理领域的运用。从本质上说，循证人力资源管理是管理者摒弃"拍脑袋决策"的直觉式思维（刘昕，江文，2013），将专业决策从个人偏好和非系统性的经验转变为基于现有最佳科学证据的决策（Rousseau，2006），也即审慎地将最佳证据运用到人力资源管理实践的过程（Dessler，2009）。"证据"被认为是循证人力资源管理中的基础概念，决策的证据来源广泛，可能是组织内外的一些人力资源管理实践者的科学判断、对利益相关者的影响、重要现象和趋势（如劳资关系复杂化、个税改革、行业薪酬差异等）、某些人力资源管理有效性的衡量指标，如员工敬业度调查数据、绩效薪酬数据等），还可能来源于公开发表的评估性科学研究，如有关人力资源规划合理性的科研文献等（Rousseau & Barends，2010）。

谷歌的做法也使其得到了验证。谷歌是一家不相信"管理直觉"的公司，在谷歌发展壮大的初期，公司内部就对管理层的设置产生了巨大的争议，工程师们认为管理者只是"阶级制度的邪恶化身"，并不能产出实质性的效益。于是谷歌启动了一项人力资源项目来进行验证，项目对所有"经理"的绩效以及其下属团队的绩效进行了统计分析，结果发现，个人绩效在前25%的经理所带领的团队绩效与后25%天差地别，同时也证明了好的管理者对效益的产出有决定性的帮助。谷歌的人力资源管理体系也是基于数据或者说基于证据而搭建的，它的人力资源部也被称为"人力运营部"（People Operations，或POPS），其中三分之一的员工具有很强的分析能力，至少具备组织心理学或物理学等分析领域的硕士学位。谷歌认为，应将人力资源部发展方向定位为科学部门，所有人力资源决策必须基于数据并用数据驱动决策，使得其精确化水平与谷歌其他科学项目匹配。

四、大数据应用于人力资源的机遇与挑战

(一)大数据应用于人力资源的挑战

1. 数据获取

满足大数据的基本条件是运用大数据技术进行人力资源管理的重要基础，而这正是大数据应用的局限所在。所谓"大数据"，即体积庞大、规模海量的数据，而现在诸多中小型公司的数据体量尚未达到利用大数据进行管理和分析的级别（蔡治，2016）。数据量的局限还体现在，大数据技术难以解决员工人际关系、行为态度等基础数据的量化问题，而此类数据都是人力资源管理中影响对员工的评价和工作绩效的关键内容，能对员工的活动与需求进行精准刻画，是将大数据应用于人力资源管理的前提（邹海波，2019）。

除了在数据数量上有可能难达到大数据的要求外，部分公司在数据质量上也存在一定的问题，如对历史数据的保存不周导致的历史数据欠缺、部门间协作程度不高导致的分散数据难以获取、员工行为数据的缺失等（蔡治，2016）。数据的质量在很大程度上影响数据的价值，数据的高质量是数据化的人力资源管理科学性与准确性的保障（卢强等，2015）。

2. 技术处理

首先，当数据形式的多样性和非结构化性质增加时，数据处理过程中的理论化、设计、收集、存储、链接、清洗、转换、分析、可视化等技术，以及解释和展现大数据信息所需的一些知识和技能都对大数据分析人员提出了极高的专业技术要求（Wenzel & Van Quaquebeke，2018）。而人力资源管理人员大多也并未掌握完全的数据分析技术，如何从企业运营过程中海量、丰富的各类原始数据中快速提取、挖掘并分析对企业经营管理有价值的数据，对他们来说是一个巨大的挑战。其次，许多企业的人力资源管理信息系统并

不完善，数据的存储、处理所需的客观条件存在诸多不足。各方面硬件、软件的不完全匹配，导致企业在大数据技术的实际应用时阻力重重（蔡治，2016；王坤娜，2019）。

3. 专业人才

成功的大数据研究需要：领域匹配、数据信息、分析技术和项目管理专业知识（Williford & Henry, 2012）。数据被收集之后，需要人力资源管理者超越自身的学科界限，在各个学科（如统计学、经济学、计算机科学）及其相关领域（如机器学习、可视化、数据库管理）中不断探索，并从人力资源的专业角度进行整理、分析和总结来创造、获取、利用和保护人力资源分析的价值（Wenzel & Van Quaquebeke, 2018）。人力资源管理从业者在从"事务型"向"专家型"转变的同时，应具备更专业的管理技术、数据分析能力以及战略眼光，以此来推进数据化人力资源管理的落地（张欣瑞等，2015）。然而，目前企业中精通大数据分析算法的人力资源管理人员较为缺乏，因此，在大数据时代，如何寻找和培养新型的、兼具综合知识和技能的高水平人力资源管理人才是企业面临的巨大挑战（Martin & Priscila, 2011）。

4. 观念转变难

运用大数据进行人力资源管理则意味着企业由经验决策向循证决策转变（李育辉等，2019），而这就需要企业从战略上高度重视对大数据的技术投入的同时，建立起基本的数据驱动下的认知改变，只有进行了认知思维的变革才能将大数据中得出的观点转化为竞争优势。无论是企业管理层还是基层员工，都应积极了解并认识到大数据的重要性，推动数据化人力资源管理有效开展（卢强等，2015）。若组织管理思维无法跟上，就可能形成数据先行管理落后（李育辉等，2019）的局面。

在大数据浪潮席卷而来的时代背景下，日趋激烈的市场竞争和愈加复杂的管理环境都使不少企业逐渐意识到变革的重要性和迫切性，纷纷引入先进的管理理念和系统的大数据应用技术，以寻求突破性发展。然而，目前大数据在企业的实际应用仍然存在不足。一方面，企业高层管理者对大数据价值的重视程度有限，对于传统的思维方式、管理模式和经验有较强的依赖性，对管理过程中的颠覆性变革存在一定程度上的抵触心理；另一方面，对于企业人力资源从业者来说，大数据虽然带来了新的机遇，却也迫使其转变传统工作方式并走出工作的"舒适圈"，而这将在一定程度上催生员工的焦虑情绪，导致其更依赖旧有的工作模式而抵制变革（王坤娜，2019）。

5. 隐私保护难

在大数据环境下，数据收集的渠道纷繁多样，既包含企业内部的也包含企业外部的个人信息，所收集的数据通常涉及员工的性别、年龄、学历、职位、薪酬水平等个人及隐私信息，具有关联性和因果性的数据信息可能被泄露或用于不正当的用途，存在员工隐私被暴露的风险。因此，如何缓解数据公开共享以及员工隐私保护间的矛盾成为企业管理者将大数据技术应用于人力资源管理时不得不思考的问题（王坤娜，2019）。

6. 产投平衡难

企业在向大数据人力资源管理模式转变的过程中，需要在传统的人力资源管理基础上进行激变式创新甚至全盘变革，必定会耗费企业大量的人力、财力、物力，而企业在人力资源管理分析过程中需要引进何种数据，目前尚无统一标准，因此存在着信息失真的风险，数据的真实性及相应所带来的商业价值也都存在着极大的不确定性，因此企业实施之前应当对创新的可行性及投入和收益的平衡做出相应评估，量入为出，切忌盲目追求大数据技术给企业带来的效益而不计成本地开发创新（胡桢意，2019）。

（二）大数据应用于人力资源的机遇

第一，人力资源管理系统将更加网络化。在运用大数据技术时，人力资源管理系统的数据接口将得到空前的拓展，得以有效对接来自电子邮件内容、社交网络平台、网页浏览、搜索引擎、数字图像、视频录像以及来自智能手机和其他电子设备的位置数据等各种结构化、半结构化以及非结构化的数据。

第二，将为组织中的人力资源管理工作提供更加全面客观的量化数据。通过定期收集和存储员工工作时间、评估和绩效管理系统中的各种"软"绩效数据，以及有关员工参与的培训和发展的信息、员工劳动仲裁信息、员工满意度等各类调查的数据信息（Angrave et al., 2016），并将其量化为各类考核指标，形成清晰的考评成果，为企业的人才分析提供具有战略预判性的事实依据。

第三，将为组织架构优化，员工管理清晰化、扁平化与服务精准化提供更加有力的支撑。在大数据迅猛发展的时代背景下，人力资源管理体系对于传统的组织格局的突破有利于增强企业信息管理，也便于企业优化并建立更加合理的工作流程、管理标准和制度规范（邹海波，2019）。

第四，促进人力资源管理全流程优化。大数据分析几乎渗透到人力资源管理的每个关键环节，主要环节包括人力配置、人力资源运营、人才管理、人力资源价值衡量等方面（赵忠民，2014）。

第五，改进客户服务质量，提升企业效益。客户是企业业务活动的驱动力，而大数据分析提升了企业数据信息的可用性，使企业更好地洞察员工与客户互动的真实情况（Kache & Seuring, 2017），也有利于获取客户反馈，从而改善服务，满足客户需求。通过大数据分析实现大规模信息挖掘与分析使得企业真正做到"以客户为中心"成为可能（Vandenbosch & Dawar, 2002），也有利于提升企业绩效和企业竞争力。

第三节　人力资源大数据分析方法

随着人力资源相关评价指标和维度增加，数据量也迅速增长，造成数据格式不一致、传统算法失效、可视化难度大等问题，因此需要完善数据存储、分析等相关技术和工具的开发，进而支撑数据采集、数据处理、数据可视化和后期数据挖掘等工作。目前在数据存储方面，Google（谷歌）公司的

BigTable、VMware公司的Redis、Microsoft公司的Azure Tables等各大公司自行开发的NoSQL数据库成功解决了不同格式数据的存储和管理问题。在数据分析方面，Google公司开发的分布式编程模型Map Reduce技术可以实现数据并行计算。随之发展的数据科学分析工具更是形式多样，Yahoo的开源项目Hadoop可谓最为流行和广泛使用的，它以分布式文件系统（HDFS）和Map Reduce为核心，为用户提供了系统底层细节透明的分布式基础构架。除了Hadoop外，HPCC、R语言、Python、Tableau、SPSS、Storm、Apache Drill、BI、Power BI、Mahout等面向大数据分析的数据科学分析工具可以应用于商业智能，大幅缩短从商业数据到商业决策的时间，并利用数据来影响决策（杨京等，2015；Braun, Kuljanin & Deshon, 2018）。

一、常见数据存储方式

人力资源产生的大数据中，数据格式呈现多样化的形态。例如员工的年龄、性别、薪资的等基础数据是文本格式，人员培训与开发等活动中影像资料是图像视频格式，员工与客户沟通等电话通信的数据是语音格式等。除了传统的关系型数据形式外，还包括来自员工信箱、社交网络媒体等各渠道的原始、非结构化、半结构化的数据。目前主要有三种较为主流的存储方式：分布式系统、NoSQL数据库、云数据库。

（一）分布式系统

分布式数据库是网络连接环境中非同一计算机设备上的各场地或节点上的数据库的集合，它们在逻辑上是统一的整体，而物理上分散在不同计算机网络环境的节点中，用户可以在任何场地通过一个分布式数据库管理系统对其进行统一管理（林子雨等，2012）。其应用场景包括数据中心、对等存储系统以及无线网络中的存储。主要包含分布式文件系统和分布式键值系统。分布式文件系统存储管理需要利用多种技术进行协同工作，其中文件系统发挥了最底层存储能力的支持作用。Hadoop分布式文件系统HDFS是一个高容错性的系统，可以存储超大规模（PB级）的文件，这些文件的大小甚至超过通常的单一存储介质的容量。HDFS会把超大规模文件切分成一个个数据块（block）（王爱敏等，2017）。分布式键值系统中获得最广泛应用和关注的是Amazon Dynamo，此外，通常也将对象存储技术（Object Storage）视为键值系统，其存储和管理的不是数据块，而是对象。

（二）NoSQL数据库

在NoSQL数据库问世以前，关系型数据库占据了绝对统治地位，然而随着数据规模迅速增加，很多公司必须使用计算机集群来存储数据，但是关系型数据库并不适合构建集群，因为从一开始它就不是为此而设计的。NoSQL数据库的共同特征包括：不使用关系模型、在集群上运行良好、无模式和适合互联网应用场景。其正好可以对关系型数据库的缺陷进行弥补和进一步改进。典型的NoSQL数据库包含以下几种：键值数据库、列族数据库、文档数据库和图形数据库（Sadalage & Fowler，2016；王爱敏等，2017）。

（三）云数据库

云服务是涵盖数据库存储、大规模计算和复杂的应用程序服务等一系列功能的强大架构。云数据库在云计算环境中进行部署和虚拟化（Yoon，2011），具有高可扩展性、高可用性、采用多种形式和支持资源高效部署等特点，极大地增强了数据库的存储能力，并降低了人力和硬软件配置的成本。云计算和云数据库的出现极大地改变企业管理数据的方式，企业可以在网页（Web）上快速创建云数据库，各类数据库在云环境中整合成一个数据库管理系统（DBMS）。企业的本地数据和服务应用等同步整合到云中后，用户可以随时随地通过简单的终端设备对企业数据进行全面实时管理。其完善的安全管理和监控性能，以及人性化的数据备份和恢复功能等都使之成为企业进行高效数据分析的得力助手。云数据库供应商主要分为3类：以Teradata、Microsoft SQL Server等为代表的传统的数据库厂商，涉足数据库市场的云供应商Amazon、Google和Yahoo，以及新兴小公司Vertica、LongJump和EnterpriseDB。主流的云数据库有Redshift、DynamoDB等（林子雨等，2012）。

二、常用的数据分析工具

随着数据科学领域的发展，越来越多的文中所提到的数据分析工具被开发出来。这些分析工具解决了数据科学中算法失效、海量数据可视化、商业数据应用效率低等问题（杨京等，2015）。不同分析工具也具备不同的优缺点，为此我们从人力资源大数据应用角度对R语言、Rapid Miner、Mahout、Tableau、Python工具进行分析（蔡治，2016；刘善仕等，2018）。

（一）R语言

R语言是一种自由的、开源的软件。由GNU系统协议免费发行，采用的是命令行工作方式，其主要用于数据统计计算以及绘图的编程语言和操作环境。R的网站CRAN上有各种版本的第三方程序包供用户自由下载和使用（杨京等，2015）。R语言擅长统计分析，自带各类统计分析模块和内嵌统计函数，可将其用于人力资源中组织内部数据的描述性统计分析及数据可视化分析。

（二）RapidMiner

RapidMiner原名Yale，是一种集数据挖掘分析、算法功能、机器学习以及商业预测分析等应用功能于一体的开源计算环境（杨京等，2015）。RapidMiner的强大性能和灵活性归功于基于图形用户界面（GUI）的IDE（集成开发环境），它为数据挖掘模型的快速原型开发以及基于XML（可扩展标记语言）的脚本提供了强大支持。它自带大量函数，且无须建模，对于数据挖掘的初学者来说比较容易入门（杨京等，2015）。丰富的功能可以充分满足企业所需分析的广度和灵活度，如有效帮助减少员工绩效考核偏差、完成行业薪酬预测和劳动力市场趋势预测等工作内容。

（三）Apache Mahout

Apache Mahout是一个可靠的、生产级别的开源项目，它构建了一个可伸缩的、能常用于集群和分类的机器学习算法的资源库，能有效帮助开发人员构建智能应用程序，这些应用程序可以实现频繁子项挖掘、分类、聚类、推荐过滤。Mahout还具有高度可扩展性，能够通过Apache Hadoop库扩展到云中，从而支持跨计算机集群的大型数据集的分布式处理（Walunj & Sadafale，2013）。得益于云数据库，企业使用者可以更方便地将其用以预测组织管理成果（例如，绩效、组织承诺、满意度、文化）的有效性和探索评价指标间的相互影响关系。

（四）Tableau

Tableau将数据运算与美观的图表完美嫁接在一起，实现了科学与美学的结合，其本质实际上是Excel的数据透视表和数据透视图。Tableau程序操作相对简便，用户可以将大量数据自定义在拖放界面上，瞬间就能生成各种生动的图表。该软件不需要任何复杂的脚本，能兼容各种不同的视图，也可以支持不同的数据库组合在一起。但其弊端在于难以处理不规范数据，且难以转化复杂模型（Agostino et al., 1999）。

（五）Python

Python是一种面向对象、解释型的计算机程序设计语言，与C++、Pascal等计算机编程语言有相似之处。它的主要特点是语法简洁而清晰，具有丰富且强大的标准库，免费且开源，代码可移植性强，解释性强，可扩展可嵌入，能够轻松地联结用其他语言制作的各种模块（尤其是C/C++）以对模块进行编写和扩充。Python有专门的数据分析库，比如数据分析三件套Matplotlib、Nunpy、Scipy，可以进行科学运算、数据分析和统计绘图（蔡治，2016）。

三、人力资源数据采集方式

（一）离线采集

在数据仓库的语境中，数据的ETL，即提取（Extract）、转换（Transform）和加载（Load）过程中的提取（Extract）这一步骤基本代表了数据采集，主要用于集成来自多个源或应用程序（可能来自不同域）的数据。提取是整个过程的第一阶段，从适当的数据源中，如平面文件格式（csv、xls、txt等），或通过RESTful客户端检索相关的数据，并过滤掉与目标无关的数据，在此过程中提取出来的数据可以作为下一个ETL过程（转换阶段）的输入。常见的执行ETL流程的工具有IBM Infosphere、Oracle Warehouse Builder、Microsoft SQL Server等（Bansal & Kagemann, 2015）。

（二）实时采集

实时采集主要适用于流处理的业务场景，比如，用于记录数据源的执行的各种操作活动、网络监控的流量管理和公司web服务器记录的用户访问行为。Kafka是Linkedin支持的一款开源的、分布式的、可伸缩的、高吞吐量的发布-订阅消息传递系统，它可以有效地处理计算机网络环境中活跃的动作流数据，如网页浏览、搜索记录、访问留痕记录等（Auradkar et al., 2012；孙大为等，2014）。在流处理场景，数据采集会成为Kafka的消费者，然后根据业务场景做对应的处理（例如去重、去噪、中间计算等），之后再写入对应的数据存储中。这个过程与传统的ETL有相似之处，区别在于它是流式的而非定时的批处理方式。它的高吞吐量性能可以支持它满足每秒数百MB的日志订阅数据采集和相应的海量数据传输需求。

（三）互联网采集

Scribe是Facebook开发的数据（日志）收集系统，又称网页蜘蛛/网络机器人，它会根据一定的需求设定自动地抓取收集各类日志源上的日志程序或者脚本，支持图片、音频、视频等文件或附件的采集（Borthakur et al., 2011），可以通过爬虫的方式抓取人力资源管理信息系统数据、个体外部数据、行业数据、政策数据、网络数据等内容。

（四）其他数据采集方法

考虑到数据的安全性和保密性，涉及企业生产经营中的高私密性或高安全级别的客户隐私数据、财务数据等，可以与外部的专营性数据技术服务商开展定向合作，使用特定的系统接口等其他方式进行数据采集。比如百度云计算的数企BDSaaS，可以有效实现数据采集技术、BI数据分析等。

四、人力资源数据预处理流程

(一)人力资源数据清洗

由于数据的收集方式和渠道不同,可能存在数据重复、缺失或有噪声数据等情况,此类数据极大地影响了数据的质量,从而降低数据分析后获取的信息质量和有效性(García et al., 2016)。在对上述"脏数据"的来源和形式进行分析后,应充分利用新兴的技术手段进行清洗,使其符合数据质量及应用需求(孔钦等,2018)。

1. 重复数据的清洗

如果数据集中两个及以上的实例表示的是同一实体,即为重复数据记录。为了保证后续数据挖掘的速度和精度,需要删除数据集合中的重复记录。主要可以采用统计学方法和相似度计算两种方式检验,剔除重复性数据。

2. 缺失数据的清洗

数据挖掘技术的基本假设是数据的完整性,然而缺失值的存在是数据采集过程中非常普遍的问题,其主要是由于错误的采样过程、成本限制或采集过程中的限制而尚未收集或存储而产生的。不正确地处理缺失值将很容易导致有效信息的提取不足或分析结论出现错误(Wang & Wang, 2010)。在实际操作中,可通过忽略不完整数据和基于填充技术的缺失值插补算法解决该问题。

3. 噪声数据处理

数据挖掘前往往也会假设数据集不存在任何数据干扰,但是现实数据中,存在一些特殊情况(例如员工请假、出差等),会影响到数据的输入和输出,造成分析结果的偏误。我们可将这些数据称之为"离群点"。常用的消除噪声数据的方法分为两种:一种是噪声平滑方法,另一种为噪声过滤即利用聚类方法对离群点进行分析、过滤。

(二)人力资源数据集成

数据集成是将来源于多个不同的文件或数据库中的格式、特点不同的异构数据进行有机的集中，然后存放在统一的数据仓库里，为企业的决策提供数据共享。由于数据的数量巨大且是动态变化的，不同来源的数据结构极为不同，即使是基本相似的实体也具有相当强的多样性，并且数据源的质量差异极大，可能出现包括实体识别（如同名异义、异名同义、单位不统一等）、冗余属性识别、相同的属性出现多次、同一属性命名不一致导致重复等情况。数据的不一致问题和数据冲突会影响数据挖掘过程的准确性和及时性（Dong & Srivastava, 2013）。组织中的人力资源数据来源广泛，组织内外部数据计量方式、数据分类等也存在较大的差异，因此收集的数据极易出现不一致的情况，在数据挖掘前进行数据集成是十分必要的。

(三)人力资源数据变换

数据变换是对数据进行初步清理以使之符合目标架构，并找到数据的特征表示。从源中提取的数据可能需要经过多次计算，或者可能需要根据映射文件中定义的规则进行相应的更改，数据变换是所有必需的数据元素从源数据系统映射到所需的目标数据系统的必要步骤。具体操作包括数据规格化，检查完整性，删除重复项，对数据进行排序和分组，在必要时应用内置函数等（Bansal & Kagemann, 2015）。组织中的人力资源数据需要根据对应人力资源管理的项目需求进行相应的数据变换，经过变换后的数据才能加载到企业中服务于大数据处理的人力资源数据集市或数据仓库中进行存储。

(四)人力资源数据规约

数据规约是指在对挖掘任务有清晰的理解，且对数据本身熟悉程度较高的基础上，以尽可能地保持数据原貌为前提，对维度较高、数量巨大的数据实现最大限度的数据量精简。而实现人力资源的精细化管理和高效规划正是人力资源量化管理的目标，因而在人力资源数据挖掘前应该对其进行规约处理。数据规约也是数据分析的一种形式，它对数据进行锐化、分类、聚焦、删减和组织，主要有两个途径：维度归约（Dimensionality Reduction）和数量归约（Numerosity Reduction），分别针对人力资源数据库中的属性和记录。维度归约的核心是减少随机变量或者属性特征的个数。在获取能描述问题关键特征的属性后删除不相关的、冗余的属性特征或对其进行重组，可以加快机器学习过程并减少内耗。而数量归约关注的重点是数据体量减少，往往可以选择数据集中相对较小的数据表示形式。主流的数值归约技术包括直方图、对数线性模型、聚类、抽样等（孔钦等，2018）。

（五）人力资源数据可视化

"数据可视化"是指数据挖掘和分析结果的可视化，是一种数据科学的视觉美学表现形式。对于人力资源管理者来说，大数据应用中数据挖掘的过程及原理不是最受关注的，最重要的是数据分析结果的清晰完整的展示，以及结合分析结果对人力资源定量管理的现状、趋势判断以及相关管理规划和方案提出合理化建议。而数据可视化正是对数据挖掘结果最直观的表现，它可以深入揭示企业人力资源数据中暗藏着的规律和价值，并且清晰高效地实现信息的沟通与传达，便于帮助企业管理者和人力资源管理部门了解和识别大数据分析的结果，科学地进行人力资源管理和规划。对于人力资源管理从业者来说，除JReport、Excel、水晶报表等报表类软件，还有如下可供学习的可视化工具：R统计软件环境（R Core Team，2016）中实现的ggplot2（Wickham，2009）软件包特别灵活且相对容易学习；柯克（Kirk，2012）建议读者访问一个网站（http：// www.visualisingdata.com/index/php/resources/），该网站不断以不同的可视化方法进行更新；仙娜（Sinar，2015）提到了一些其他资源，其中最受推崇的一个在Microsoft Excel中提供了各种模板，并可用于可视化数据的网站（https://sites.google.com/site/e90e50charts/）。企业在运用大数据可视化技术时，应积极鼓励跨部门合作，促进相关专业人才共同参与信息协调机制，并对数据可视化分析结果进行客观准确的解读和展示，提高管理决策的效率（王萌萌，2016）。

参考文献

［1］陈莉玥.大数据时代人力资源管理创新模式研究［J］.现代商贸工业，

2014, 26(17): 24-25.

[2] 蔡治. 大数据时代的人力资源管理[M]. 北京：清华大学出版社，2016.

[3] 谷歌利用数据分析重新定义HR[EB/OL]. http://www.managershare. Com/post/140542.

[4] 胡桢意. 大数据与人力资源管理融合之路的机遇与挑战[J]. 人力资源, 2019, 437(6): 123.

[5] 孔钦, 叶长青, 孙赟. 大数据下数据预处理方法研究[J]. 计算机技术与发展, 2018, 253(5): 7-10.

[6] 林子雨, 赖永炫, 林琛, 等. 云数据库研究[J]. 软件学报, 2012(05): 116-134.

[7] 刘畅. 大数据分析在企业人力资源管理标准化中的应用[J]. 中国标准化, 2018, 520(8): 257-258.

[8] 刘高军, 段然. 基于mongodb的cnonix数据存储方法研究[J]. 北方工业大学学报, 2016, 28(3): 40-48.

[9] 刘善仕, 孙博, 葛淳棉, 等. 组织人力资源大数据研究框架与文献述评[J]. 管理学报, 2018, 142(7): 154-162.

[10] 刘昕, 江文. 管人要有循证思维[J]. 企业管理, 2012(11): 84-85.

[11] 刘昕, 江文. 循证人力资源管理：研究及启示[J]. 华东经济管理, 2013(4): 130-133.

[12] 卢强, 冯蛟, 郭伟. 数据化的人力资源管理实践——以H企业为例[J]. 中国人力资源开发, 2015(16): 56-63.

[13] 孟小峰, 慈祥. 大数据管理：概念、技术与挑战[J]. 计算机研究与发展, 2013, 50(1): 146-169.

[14] 任磊, 杜一, 马帅, 等. 大数据可视分析综述[J]. 软件学报, 2009(9): 1909-1936.

[15] 申德荣, 于戈, 王习特, 等. 支持大数据管理的NoSQL系统研究综述[J]. 软件学报, 2013(8): 1786-1803.

[16] 孙大为,张广艳,郑纬民.大数据流式计算:关键技术及系统实例[J].软件学报,2014(4): 153-176.

[17] 王坤娜.大数据时代企业人力资源管理面临的机遇、挑战与创新[J].企业改革与管理,2019(17): 86-87.

[18] 王萌萌."大数据技术+"与人力资源量化管理的研究展望与多维分析[J].天水行政学院学报,2016,17(2): 31-35.

[19] 王爱敏,王崇良,黄秋钧.人力资源大数据应用实践:模型、技术、应用场景[M].北京:清华大学出版社,2017.

[20] 王通讯.大数据呼啸而至:人才管理面临机遇与挑战[J].中国电力教育,2014(13): 10-15.

[21] 王通讯.大数据人力资源管理[M].北京:中国人事出版社,2016.

[22] 吴甘沙.大数据实时处理——实时和交互:技术与现实的纠缠[J].程序员.2014(2): 18-21.

[23] 涂子沛.大数据[M].桂林:广西师范大学出版社,2012.

[24] 杨京,王效岳,白如江,等.大数据背景下数据科学分析工具现状及发展趋势[J].情报理论与实践,2015(3): 134-137.

[25] 杨振瑜,王效岳,白如江.国外主要可视化数据挖掘开源软件的比较分析研究[J].图书馆理论与实践,2012(5): 89-93.

[26] 姚凯,桂弘诣.大数据人力资源管理:变革与挑战[J].复旦学报(社会科学版),2018,296(3): 152-161.

[27] 喻国明,李彪,杨雅,等.新闻传播的大数据时代[M].北京:中国人民大学出版社,2014.

[28] 赵忠民.eHR与"大数据"如何上演"双剑合璧"[J].人力资源,2014(7): 71-73.

[29] 钟沐旸.关于数据权限中心(DAC)的研究与初步实现[D].成都理工大学,2017.

[30] 邹海波.互联网+大数据时代人力资源管理面临的机遇与挑战[J].企

业改革与管理, 2019, 349(08): 58-59.

[31] KAFKA K. A high-throughput distributed messaging system[EB/OL][2013] http://kafka. apache. org/ design.html.

[32] ANGRAVE D, CHARLWOOD A, KIRKPATRICK I, et al. HR & analytics: why HR is set to fail the big data challenge [J]. Human Resource Management Journal, 2016, 26(1): 1-11.

[33] AURADKAR A, BOTEV C, DAS S, et al. Data infrastructure at LinkedIn. In: Proc. of the IEEE 28th Int' l Conf. on Data Engineering (ICDE 2012). Arlington: IEEE Press, 2012:1370-1381.

[34] BARWICK H. The four V's of big data [J].Implementing Information Infrastructure Symposium, 2012.

[35] BANSAL S K, KAGEMANN S. Integrating big data: a semantic extract-transform-load framework [J]. Computer, 2015, 48(3): 42-50.

[36] LI B D, MAIUR E, DIAO Y L, et al. SCALLA: A platform for scalable one-pass analytics using MapReduce [C].Proceedings of the ACM SIGMOD International Conference on Management of Data, SIGMOD 2011, Athens, Greece.2011.

[37] BORTHAKUR D, SARMA J S, GRAY J, et al. Apache hadoop goes realtime at Facebook [M]. In: Proc. of the ACM SIGMOD Int'l Conf. on Management of Data (SIGMOD 2011 and PODS 2011). Athens: ACM Press, 2011: 1071-1080.

[38] FAILURE H, ACCESS S D, SETS L D. The hadoop distributed file system: Architecture and design [J]. Hadoop Project Website, 2007, 11(11): 1 -10.

[39] BOYD D, CRAWFORD K. Critical questions for big data : provocations for a cultural, technological, and scholarly phenomenon [J].Information Communication & Society, 2012, 15(5): 662-679.

[40] BRANTNER M, FLORESCU D, GRAF D, et al. Building a database on S3

[M]. In: Proc. of the SIGMOD. New York: ACM Press, 2008: 251-264.

[41] CHANG F, DEAN J, GHEMAWAT S, et al. Bigtable: a distributed storage system for structured data [J]. ACM transactions on computer systems, 2008, 26(2): 1-26.

[42] TEAM C R. R-a language and environment for statistical computing [J]. computing, 2011, 1: 12-21.

[43] CURINO C, JONES E, POPA R, et al. Relational cloud: a database-as-a-service for the cloud [C]. CIDR 2011 - 5th Biennial Conference on Innovative Data Systems Research, Conference Proceedings, 2011: 235-240.

[44] D'AGOSTINO M, GABBAY D M, HAHNLE R, et al. Handbook of tableau methods [M]. Kluwer Academic Publishers Dordrecht, 1999.

[45] DAVID G C, GOPAL K, NIGEL E. Extreme scale with full SQL language support in microsoft SQL Azure [C]. In: Proc. of the SIGMOD. New York: ACM Press, 2010: 1021-1024.

[46] ROUSSEAU D M. Is there such a thing as'evidence-based management'? [J].Academy of Management Review, 2006, 31(2): 256-269.

[47] ROUSSEAU D M, BARENDS E G R. Provocation series papers: HRM in the 21st century becoming an evidence-based HR practitioner [J]. Human Resource Management Journal, 2010, 21(3): 221-235.

[48] DESSLER G. Human resource management [M].New Jersey pearson education Press, 2009.

[49] DONG X L, SRIVASTAVA D. Big data integration [C]. IEEE International Conference on Data Engineering, 2013.

[50] LANEY D.3-D data management: controlling data volume, velocity ,and variety [J]. META Group Res Note 6, 2001.

[51] KACHE F. SEURING S. Challenges and opportunities of digital information at the intersection of Big Data Analytics and supply chain management [J].

International Journal of Operations & Production Management, 2017, 37(1): 10-36.

[52] FRAWLEY W J, PIATETSKY-SHAPIRO G, MATHEUS C J. Knowledge discovery in databases: an overview [J]. AI Magazine, 1992, 13(3): 57-70.

[53] GARCIA S, RAMIREZ-GALLEGO S, LUENGO J, et al. Big data preprocessing: methods and prospects [J]. Big Data Analytics, 2016, 1(1): 9.

[54] GEORGE G, HAAS M, PENTLAND A. Big data and management [J]. Academy of Management Journal, 2014, 57(2): 321-326.

[55] HILBERT M, LOPEZ P. The world's technological capacity to store, communicate, and compute information [J]. Science, 2011, 332(6025): 60-65.

[56] MARLER J, FISHER S. An evidence-based review of e-HRM and strategic human resource management [J]. Human Resource Management Review, 2013, 23(1): 18-36.

[57] PARENT D, SLOAN N, TSUCHIDA A. Global human capital trends 2015: leading in the new world of work [C]. New York: Deloitte University Press, 2015.

[58] HAN J W, KAMBER M, PEI J. Data mining: concepts and techniques [M]. Morgan Kautmann Publishers, 2012.

[59] MANYIKA J, CHUI M, BROWN B, et al. Big data: the next frontier for innovation, competition and productivity [EB/OL]. [2011]. USA: Mckinsey Global Institute, WhitePaper.

[60] KIRK A. Data visualization: A successful design process [M]. Birmingham, UK: Packt, 2012.

[61] LIM L, MISRA A, MO T L. Adaptive data acquisition strategies for energy-efficient, smartphone-based, continuous processing of sensor streams [J]. Distributed and Parallel Databases, 2013, 31(2): 321-351.

［62］TAY L, NG V, MARLIK A, et al. Big Data Visualizations in Organizational Science［J］. Organizational Research Methods, 2018, 21(3): 689-732.

［63］REN L. A research on interaction techniques in information visualization［C］. The Chinese Academy of Sciences, 2009.

［64］LYNCH C. Big data: How do your data grow?［J］. Nature, 2008, 455(7209): 28-29.

［65］MATLIN C. Watch me write this article［EB/OL］.［2015］. Retrieved from http://fivethirtyeight.com/features/watch-me-write-this-article/.

［66］BRAVN M T, KULIJANIN G, DESHON R P. Special considerations for the acquisition and wrangling of big data, 2018, 21(3): 633-659.

［67］SADALAGE P J, FOWLER M. NoSQL distilled: a brief guide to the emerging world of polyglot persistence［M］. 北京：机械工业出版社, 2016.

［68］WENZEL R, QUAQUEBEKE N V. The double-edged sword of big data in organizational and management research: a review of opportunities and risks［J］. Organizational Research Methods, 2018, 21(3): 548-591.

［69］CASSDO R, YOUNAS M. Emerging trends and technologies in big data processing［J］. Concurrency & Computation Practice & Experience, 2014, 27(8).

［70］WALUNJ S G, SADAFALE K. An online recommendation system for e-commerce based on apache mahout framework［C］. Proceedings of the 2013 annual conference on Computers and people research. ACM, 2013.

［71］STRAUS S E, GLASZIOU P, RICHARDSON W S, et al. Evidence-based medicine: How to practice and teach EBM［M］. New York: Churchill Livingstone, 2000.

［72］TONIDANDEL S, KING E B, CORTINA J M, et al. Big data at work: The data science revolution and organizational psychology［M］. New York. NY: Routledge, 2015: 115-157.

[73] TOFFLER A. The third wave: the corporate identity crisis [M]. New York: Bantam Books, 1980.

[74] VANDENBOSCH M, DAWAR N. Beyond better products: capturing value in customer interactions [J]. MIT Sloan Management Review, 2002, 43(4): 35-42.

[75] KOBAYASHI V, MOL S T, BERKERS H A, et al. Text mining in organizational research [J]. Organizational Research Methods, 2017, 21(1): 733-765.

[76] WANG H, WANG S H. Mining incomplete survey data through classification [J]. Knowledge and Information Systems, 2010, 24(2):221-233.

[77] WICKHAM H. Interview with P. Coyle [Z]. 2015.

[78] WILLIFORD C, HENRY C. One culture: Computationally intensive research in the humanities and social sciences [R]. A report on the experiences of first respondents to the digging into data challenge, 2012.

[79] MOMIN W Y, MISHRA K. HR analytics as a strategic workforce planning [J]. International Journal of Applied Research, 2015, 1(4): 258-260.

[80] MENG X F, CI X. Big data management: concepts, techniques and challenges [J]. Journal of Computer Research & Development, 2013, 50: 146-169.

[81] YANG D, RUNDENSTEINER E A, WARD M. Mining neighbor-based patterns in data streams [J]. Information Systems, 2013, 38(3): 331-350.

[82] YOON J. Access control and trustiness for resource management in cloud databases [EB/OL]. [2011]. 10.1007/978-3-642-20045-8_6.

第三章
数据驱动的人力资源规划

第一节　人力资源规划的概念、意义和发展

一、人力资源规划的概念和类型

人力资源是企业的第一资源，资源的有限性意味着需要对资源进行合理高效的规划和分配，以确保资源发挥最大的效用，这一效用既针对企业也针对员工个人，最终实现企业的战略目标和员工个人目标，达成双赢局面。通常在进行完职位分析后，需要对企业的人力资源进行整体规划，这一过程往往涉及人力资源的数量、结构和素质。

人力资源规划也叫员工队伍规划（加里·德勒斯，2017），含义上有广义和狭义之分。广义上来说，它是指根据企业战略，在分析企业内外部环境的基础上，对企业人力资源的需求和供给情况进行有效预测并得出供需差距，以此为依据制定各项人力资源政策以达到供需平衡，使得各个岗位在人员的数量、结构和素质方面都能满足企业发展的需要，最终达到企业目标。狭义上来说，人力资源规划是指企业为了实现人才供需平衡而制订和实施的各项具体计划，如人员招募计划、培训开发计划、人员退休计划等。（刘明鑫，刘崇林，2010；张相林，吴新辉，2016；李燕萍，陈建安，2016）

合理地对人力资源规划进行分类有利于理解人力资源规划的具体内涵，不同学者划分的角度和方式不同，本书从以下三个方面对人力资源规划

进行分类。

在时间维度上,根据时间的长短通常可以分为短期规划和长期规划。短期规划以月度、季度或年度为周期,根据企业的实际需要进行人力资源的相应调整,例如制订每个季度的招聘计划,短期规划灵活性和适应性较强,对企业内外部环境变化的敏感性也较高。长期规划往往依托企业的战略,周期可能为3至5年甚至更长,它需要适应企业的业务调整,满足企业长期发展和战略布局的需要。具备人力资源长期规划的意识对于企业而言至关重要,尤其是正处于快速发展和扩张时期的企业,需要确保人力资源能支撑其业务规模的扩大。

在层级维度上,人力资源规划可以分为人力资源战略规划、战术规划和执行计划。战略层面,在企业整体战略的指导下,分析企业内部和外部环境,预测人力资源供给和需求并得出供需差距。这一层面比较宏观,具有整体的指导意义。战术层面,是对企业人力资源的数量、素质和结构进行规划,例如有些企业实施各部门和总体的人才盘点,按照岗位梳理人力资源分配情况。执行层面,则是具体到人力资源的各项政策,为了支持企业总体战略和人力资源战略制订相应的人才招聘、培训和开发、薪酬和福利、绩效考核、员工关系等具体计划。

在范围维度上,人力资源规划可以分为企业总体规划、部门规划和业务规划。总体规划的范围涵盖整个企业,部门规划范围仅仅为某个或某几个部门,业务规划则是人力资源各个模块的具体计划,如人员补充计划、素质提升计划等。不同范围的规划之间联系紧密,共同支撑企业战略。

二、人力资源规划的意义和地位

很多企业缺乏人力资源规划是对人力资源规划本身的目的和定位不够了解,制定规划不是目的只是途径,无论规划的内容和形式是什么,最终还是要落脚到企业和员工的效益最大化上来。因此人力资源规划的意义可以从企业和员工两个方面来理解。

企业方面，第一，实现企业人力资源供需平衡，确保人力资源效用最大化。数量上，既不存在岗位空缺也不存在人员冗余。结构上，根据业务需要实现各部门、各层级、各岗位的合理配比，以及实现组织或团队内部人员"软结构"和"硬结构"的优化配置。素质上，通过人员招募、培训开发等人力资源实践以保证员工具备岗位要求的胜任素质。第二，降低企业的人力资源成本，减少因人员的不合理配置带来的损失，支持企业的盈利目标。职位分析重在"定岗"，而人力资源规划需要完成"定编"，为人员招募、员工离职管理和退休管理等提供指导。第三，有利于提高企业人力资源管理活动的有序性和计划性。人力资源规划通常是先导性的，并以季或年为周期，规划可以有效指导人力资源各项日常工作的有序展开。同时，由于互联网、大数据等的快速发展，目前的人力资源规划重视预测性，预测企业未来的供给需求和可能发生的变化，以应对企业内外部环境的变化，使得各项人力资源计划的实施有条不紊。第四，支撑企业战略，为满足企业战略布局所需的人力资源提供基础。例如某家公司的战略规划中涉及在海外成立分公司，那么人力资源规划就应当有海外招聘或者招聘具有多元背景的双语人才等。

员工方面，越来越多的企业开始追求企业和员工的双赢。对于企业而言，单纯追求经济利益的最大化已经不适应社会的需要，也不利于长远发展，更多企业努力实现员工利益最大化和企业利益最大化的有机统一。人力资源规划这一举措对于员工而言，第一，有利于充分调动员工的积极性、主动性。有效的人力资源规划能够最大限度地确保"人尽其用"，实现人员和岗位的合理配置，从而提高员工的工作效率，并激发他们对工作的热情。第二，有利于让员工更好地进行职业生涯规划，人力资源规划中的培训开发计划、继任计划等可以帮助员工积累相应的知识技能并合理地规划职业生涯道路。第三，有利于让员工加深对企业战略和自身角色定位的理解，增强他们的责任感。进行人力资源规划涉及人才盘点，甚至还有业务盘点，这个过程梳理了不同岗位和岗位上的人员，也为不同岗位之间建立起联系，帮助员工理解自身的工作如何支撑企业的业务和战略。

人力资源规划的地位可以从横向和纵向两个角度来看待。

横向即人力资源规划在企业整个人力资源管理中的作用。人力资源规划是传统的人力资源六大模块的重要组成部分，且人力资源规划的广义定义也包含为了实现企业人员供给和需求平衡而制订的各项计划，规划这个动作本身就对其他各项计划具有指导性作用。没有规划，其他计划的执行是没有基础且无序的，也是没有目标可言的。具体来说，人力资源规划产出的员工供需失衡报告为招聘计划、退休解聘计划提供基础，确保招聘能满足员工队伍缺口的同时没有人员冗余。员工结构和素质的分析也关系到招聘中任职资格的撰写和培训开发计划目标的设置等。

纵向即人力资源规划属于企业总体规划，支撑着企业战略目标的达成。企业总体规划包含业务规划、财务规划、人力资源规划等，其中人力资源规划起着将企业战略与其他各项人力资源政策实践相连接的桥梁作用，它通过对战略的分解达到人力资源方面促进战略实施的目的。从这个意义上来说，人力资源规划绝对不能脱离企业的战略，同时，它又与业务规划和财务规划等其他规划息息相关，需要根据业务来制定，也需要考虑到财务预算。企业的决策都不是孤立的，往往牵一发而动全身，而这恰恰也突出了规划的重要性。

三、人力资源规划的发展阶段

回顾人力资源规划的发展历程可以发现，由于企业对人力资源概念的理解和企业内外部环境的变化，不同阶段呈现出不同的发展特点。李燕萍和陈建安（2016）提出人力资源规划经历了传统人事规划、科学人力资源规划、战略人力资源规划和人力资本规划四个阶段，分别对应着人力资源规划的产生、发展、成熟和进一步深化。本书在此基础上结合新的时代特点梳理了人力资源规划的发展历程。

传统的人事规划与传统的人事管理息息相关，19世纪末20世纪初，企业面临的外部环境相对稳定，内部管理也较为单一。科学管理概念的提出让雇主关注企业生产效率的提高，福特发明的生产线流水作业，进一步推动了企业规模的扩大。那一时期虽然雇主已经初步具备人力资源的概念，但尚不成体系，主要还是按照既有的规章制度来管理企业，重点也只是提高工人的生产效率和对工作的满意度。规划的意识虽有尚浅，仅停留在对人力资源的供需预测和解决供需失衡层面。但无论如何，相较于资本主义发展初期，这一时期人力资源规划已经开始产生。

科学人力资源规划在原有的人事规划的基础上进一步发展。20世纪60年代以后，企业面临的内外部环境变得复杂和多元，一成不变的规章制度已无法适应企业发展的需要，而变化本身又不能是无序和杂乱的，因此具备先导性和指引性的规划显得格外重要。具体而言，这一阶段规划的方法和技术更加多元和科学，强调定量方法和定性方法的结合，重视收集分析数据并用数据结果来指导企业决策和其他人力资源政策实践。规划的内容方面也不仅仅包含供需预测，环境分析、人员招聘计划、人员培训和开发计划、员工职业生涯发展规划等均有涉及。这一时期人力资源规划不断发展并日渐成熟。

20世纪80年代以后，伴随着市场环境的进一步复杂化，战略人力资源规划产生。这一时期，企业的人力资源管理面临多元化的挑战。员工的利益和诉求越来越受重视，企业单纯追求经济利益最大化已无法满足长期的发展需要，员工个人的职业生涯规划与企业的人力资源规划相联系。随着信息技术发展速度的加快，即使能够提供更准确的数据和使用更先进的预测方法，但因受到环境的高速变化的影响，人力资源预测变得更加困难。快速变化的时代，每天有无数的企业成立，也有无数的企业死去，如何维持企业的生命力，不断调整以适应变化是所有企业面临的难题。单纯的预测和调整无法对企业竞争力和战略起到有效的支持作用，必须在分析战略的基础上，根据战略需要对人力资源合理规划以满足企业未来发展的需要。这一阶段人力资源规划具备了整体性和前瞻性，重视支撑企业未来的战略布局和企业自身内部竞争力的培养。

21世纪后，互联网、知识经济时代的到来让知识型员工成为企业的关键竞争力。组织架构逐渐趋向扁平化，企业内部也更加强调知识的积累应用和创新。员工的活力、自主性和创新性越来越被重视，打造学习型组织成为越来越多企业追求的目标。尤其在近些年来，大数据以惊人的速度发展，改变了企业原有的组织架构、管理方式、办公方式等。宝洁公司首席运营官罗伯特·麦克唐纳在一次采访中将军事中易变性（vclatility）、不确定性（uncertainty）、复杂性（complexity）和模糊性（ambiguity）概念（简称VUCA）运用于商业（宝洁CEO：价值领导力模型的十大原则，2011）。VUCA时代下，组织的边界被延展，壁垒被打破，未来的发展无可估计，所有的时代特点都让企业面临着全新的挑战和机遇。在这样的背景下，人力资源和人力资源规划在企业中的重要性愈加明显。信息技术和大数据的发展使得数据和资料的收集和分析方式更加高效、及时和精确，目前有很多企业采购或自行建立人力资源信息系统，随时更新人力资源信息，形成企业自身的人才库。这一阶段，数据改变了企业面临的内外部环境，但数据也促进了人力资源规划方式、工具以及思维的改变。

第二节　人力资源规划的方法

一、人力资源规划的内容和流程

尽管人力资源规划的概念从开始萌发发展到今天已经比较成熟的阶段历经了约一个世纪，其面临的内外部环境不断改变，规划的具体方式和技术也随之变得更加丰富和先进，但是其核心内容和构成一直延续到今天，主要包含以下几个方面：

（一）企业整体和人力资源战略分析

人力资源规划不是企业独立的一个板块，在规划之前，需要对整体战略进行分析，企业战略是指挥棒，是指明灯。整体战略包含产品战略、销售战略、财务战略等,当然也包含人力资源战略。常用的战略分析工具有波特五力模型(Porter,1980)、优势劣势机会威胁模型(Strengths,Weaknesses,Opportunities,Threats,简称SWOT分析模型。Andrews,1971)、政治经济社会技术分析模型(Politics,Economy,Society,Technology,简称PEST分析模型。Johnson & Scholes,1999)以及台湾司徒达贤(2016)教授提出的策略形态分析法等。但是分析模型并不能直接输出企业战略,只能提供一个思考的框架和角度。以整体战略为基础,制定出相应的人力资源战略,指导人力资源各板块的实践。

(二)企业外部环境和内部资源分析

环境分析在进行战略分析时会涉及,但它本身也是人力资源规划非常重要的一个步骤。外部环境分析包括国家的政策分析、经济和政治环境分析、劳动力市场分析、技术因素分析、行业及产业环境分析、社会环境分析、文化环境分析等。内部资源分析涉及盘点企业内部各种有形和无形资源,有形资源包括实物、财务、技术资源等,无形资源包括文化、人力、声誉、创新资源等。

(三)人才盘点及人力资源存量分析

人才盘点的概念近几年被提得比较多,尤其是在互联网企业。人才盘点的目的是提高组织内的人才与组织的匹配度,从而对人力资源进行梳理、盘点以及再配置(彭剑锋,2018)。通常人才盘点分为关门盘点和开门盘点,二者主要的区别是盘点的主导部门以及覆盖群体不同。关门盘点在人力资源部门内部进行,往往只覆盖关键岗位;开门盘点由业务部门主导,覆盖全员,且更加公开。人力资源存量分析是分析企业现有的人力资源,确定企业是否存在着人力资源数量冗余或不足、质量无法符合胜任力模型或结构配比不合理等情况。这一部分的分析是企业的一个内省过程,在前一阶段制定出的企业战略的指引下对企业内部人力资源进行梳理和盘点。

(四)人力资源需求分析、供给分析和供需差距分析

人力资源需求分析是根据企业的需要(既包含目前的需要也包含企业战

略要求的未来需要）对企业所需的员工数量、素质和结构进行预测的过程。与之对应，人力资源供给分析是对企业所能得到的人力资源的数量、素质和结构进行预测的过程（彭剑锋，2018）。需求分析和供给分析是人力资源规划的两大重点内容，随着技术的发展，预测工具更加科学和高效。尤其是在数据时代，机器学习、信息系统的建立等都为需求和供给预测提供了新的方式。在供需分析的基础上，确认供需差距（数量、素质和结构），为下一步制定具体的人力资源规划提供依据。

（五）制定和实施具体的人力资源规划

根据前文分析的内容制定具体的人力资源规划，包含针对人员数量方面的员工招募计划、退休计划，针对素质方面的胜任力素质模型建立计划、培训开发计划，针对结构方面的内部转岗计划、组织架构调整计划，以及其他相关的继任计划、核心人才队伍规划、薪酬激励、绩效考核等方面的具体规划。

（六）评估和总结人力资源规划实施情况

整个人力资源规划的流程应当包含从设定目标、具体实施到最后评估总结的完整闭环，从而为之后的规划提供经验和指导。评估时，可以从是否达到人力资源规划的目标、是否对员工行为和态度如员工绩效和员工满意度产生了积极影响、是否改善了公司的效益状况几个角度进行思考。具体的评估方法有成本评估法、关键指标评估法、声誉评估法等，每一种方法的侧重点有所不同，几种方法可以混合使用。如培训计划一样，在实践中人力资源规划的评估是很多企业容易忽视与较为薄弱的一部分，但这部分恰恰很大程度上影响了一个企业人力资源整体规划的效果。实践中，企业应当重视和加强这部分的投入。

人力资源规划整体流程如图3-1所示。

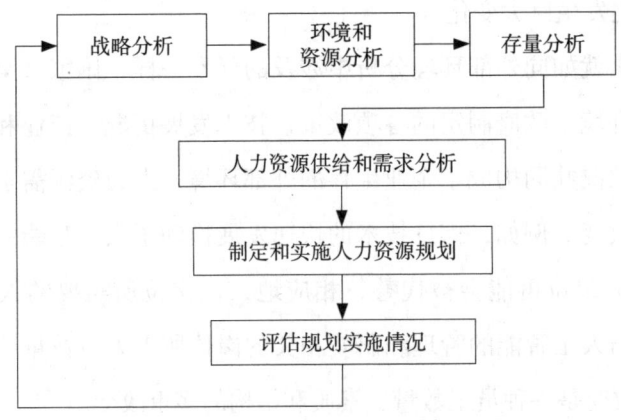

图3-1 人力资源规划流程

二、人力资源需求预测

(一)人力资源需求的影响因素

企业所面临的环境是动态的,内部资源也在不断地流动,意味着企业对人力资源的需求在不断发生改变,影响人力资源需求的因素可以相应地分为内部因素和外部因素。

内部因素排在首位的就是企业战略。在制定人力资源规划的流程中分析企业战略是第一步,之后所有的动作都必须建立在此基础上。企业采取的是紧缩性战略、差异化战略还是多元化战略,是保守型战略还是创新型战略,具体的业务战略、财务战略是什么,这些因素通通都会对人力资源的需求产生影响。

此外,企业的生命发展周期和企业变革也会影响人力资源需求。处于不同生命周期的企业关注重点有所不同,企业本身的组织资本和组织架构也不同,自然对人力资源的要求有所差异。例如处于上升期的企业,业务发展速度较快,对员工数量要求可能相对较多,需要快速弥补岗位空缺。而处于稳定期和成熟期甚至是衰落期的企业,需要更多考虑员工数量是否冗余,是否带来了低效率,员工素质和结构是否合理等问题。如果企业在发展过程中经历了剧烈的变革,例如组织架构的重大调整、企业合并等,人力资源的需求肯定也会随之发生巨大变化。

外部因素就如同外部环境分析中涉及的要素一样，国家乃至全球的宏观经济和政治环境、政府制定的各项政策、技术发展情况、产业和行业环境、劳动力市场状况共同构成了企业生存的外部环境，人力资源需求随着外部环境的改变而改变。例如，信息技术的快速发展推动了人工智能的变革，未来企业内的部分岗位可能会被代替，相应地，该岗位所需要的人员数量会减少。然而，与人工智能的管理和研发相关的岗位所需人员数量会增加。整体来说，这种改变是一种员工数量、素质和结构的多重改变。

影响人力资源需求的外部因素和内部因素不是各自孤立的，它们都处于一个动态的生态环境下，相辅相成，相互影响，一个要素的改变可能会带来整个链条的变化。

（二）人力资源需求预测的具体方法

通常人力资源需求预测方法可以分为定性预测方法和定量预测方法两大类（彭剑锋，2018；刘明鑫，刘崇林，2010；李燕萍，陈建安，2016；张相林，吴新辉，2016）。

1. 定性预测方法

（1）零基预测法

零基预测法适合预测短期内人力资源需求，它用组织现有员工数量预测未来某一时期组织的人力资源需求。它要求对每一个岗位的需求分析都尽量详尽，如果某一个岗位出现了岗位空缺不是应该立即补足，而是对这个需求进行分析，以确定是否有补充的必要。

（2）经验分析法

顾名思义，经验分析法是一种依托经验进行分析的主观预测方法。具备相关经验的管理者在分析未来业务的变动趋势以及产量增量和劳动力增量的相关关系的基础上，预测特定时期组织的人力资源需求。在实践中，经验预测法非常普遍，它的使用成本较低，操作也较简便，但是缺点是过于依赖主观经验，精确性和科学性不足，并且也容易受到管理者个人能力的影响。通常来说，经验分析法根据具体操作方式的不同被划分为"自上而下"和"自下而上"两种方法。

自上而下法是在高层管理者明晰并制定了企业整体战略规划的基础上，制定相应的人力资源战略，并把人力资源需求逐级下达到各部门，再根据各部门的实际需求进行调整，最终确定企业的人力资源需求。自下而上法的方向与之相反，它是各个部门根据实践中的需要确定各部门的人力资源需求，再逐级向上传达，高层管理者进行汇总分析和判断，最终形成企业整体的人力资源需求。

（3）岗位分析法

岗位分析法也叫工作研究法，工作分析产出岗位说明书，包含该岗位的工作职责和任职资格，假设员工与岗位完全匹配，以此可以得到各个岗位所需的工作量，最后得出人力资源需求。

（4）德尔菲法

德尔菲法属于专家预测法，但与专家座谈法有所区别。德尔菲法的一个关键之处在于参与确定人力资源需求的专家需要匿名，且不能互相讨论，通过反复几次的重复步骤在需求问题上达成一致的看法。专家需要是企业内部或外部对企业战略、业务、人力资源状况等非常了解的人，为了平衡结果的准确性和工作的复杂性，一般建议专家的数量在10~30位之间。德尔菲法较适合预测企业长期的人力资源需求。

（5）描述法

描述法是对组织的战略目标、生存环境及其他相关因素进行假定性的描述和分析，以确定不同情形下组织的人力资源需求的方法。

除此之外，定性预测方法还包括员工访谈法、专家座谈法等。

2. 定量预测方法

（1）线性回归分析法

回归分析是一种统计方法，在进行人力资源需求预测时，回归分析实际上就是在研究人力资源的需求量与各种影响因素之间的关系，且这种关系是呈线性的。它分为一元线性回归分析法和多元线性回归分析法，前者主要探讨某个因素对人力资源需求的影响，后者探讨多个因素产生的影响。

（2）比率分析法

比率分析法中的比率是指某个关键因素与所需人员数量的比率，该方法的核心就是选择关键因素并计算比率，在此基础上确定人力资源需求。不同企业的关键因素不同，使用的方法也不同，有的采用生产比率分析法（业务量与所需人员），有的采用人员结构比率分析法（关键岗位人数与其他岗位人数），也有企业将二者结合使用。在使用比率分析法时需要注意，需要随时关注企业战略和内外部环境的变化以对关键因素进行更新和调整，否则会产生较大的偏差。

（3）趋势外推法

趋势外推法是利用数学模型，通过已知的时间序列外推到未来的发展趋势，既有直线外推，也有曲线外推。趋势外推法中的移动平均法认为未来的发展情况与历史中某一阶段相似，因此可以用历史资料的平均值来预测未来的人力资源需求。但不同时间段的历史资料的价值和丰富度有所不同，应当被赋予不同的权重。而另一种方法指数平滑法就较好地解决了这一问题，它对权重进行了改进，而且本身操作并不复杂，在实践中应用较为广泛。

（4）计算机模拟法

计算机模拟法依托计算机构建数学模型，探讨各种因素与人力资源需求之间的关系。模拟体现在它可以测试不同情境下的人力资源需求，以找到最合适、最准确的预测方法。

三、人力资源供给分析

（一）人力资源供给的影响因素

当企业人力资源供给不足时，需要从企业内部或者外部劳动力市场进行补充，因此从来源上人力资源供给可以分为企业内部供给和企业外部供给。在进行影响因素的分析时，不同学者提出的划分方式不同，刘明鑫和刘崇林

（2010）将影响因素分为内部因素、外部因素、全国性因素和地区性因素四类。与需求分析相同，本书从企业内外两个方面分析影响人力资源供给的因素。

在企业内部，人力资源可供量主要受到组织战略布局、组织结构变动、员工流失、员工职位变动、人力资源政策等因素的影响。组织战略和组织结构的变动影响着组织内员工的分工和布局，例如影响集团在不同地方的分公司人员供给或不同业务线的人员供给。员工的流失情况包括主动辞职、被动淘汰、退休等，罗斯·斯帕可曼（Ross Sparkman, 2019）指出，进行减员预测是战略人力资源规划的一个关键环节。员工在组织内的升职、轮调、部门流动等职位变动也影响着企业内部劳动力市场。最后人力资源政策同样是重要的影响因素，内部招募政策影响内部员工流动率，薪酬政策影响企业的吸引力，培训政策影响员工获得新技能以适应不同岗位的难易程度。

在企业外部，社会招募和校园招募是两种常见的招募渠道。社会招募渠道的招募对象是现有劳动力市场上的劳动者。加里·德斯勒（Gary Dessler, 2017）指出，劳动力供给预测需要管理者了解本公司所在行业和区域发生的情况。国家的经济、政治、文化和技术发展情况会影响劳动力市场；人口情况如数量、密度、结构与劳动力市场情况密切相关，例如老龄化对劳动力市场的冲击；国家实行的劳动力就业政策、户籍政策、人口政策等都对劳动力外部供给产生影响。此外，与本企业有关的其他企业政策的调整和发展情况相对地也会影响该企业的劳动力供给。而劳动者本身的意识偏好、教育程度、能力水平、职业规划影响着其就业选择，进而影响企业的劳动力供给。另一个招募渠道校园招募主要面向在校学生，因此毕业生的数量、素质和结构会对劳动力供给产生较大影响。

（二）人力资源供给预测的具体方法

在分析人力资源供给预测的影响因素的基础上，具体的预测方法也可以分为企业内部供给预测方法和企业外部供给预测方法。

1. 内部供给预测方法

（1）技能清单、人员核查（刘明鑫，刘崇林，2010）和人力资源数据库

加里·德斯勒（2017）称技能清单法为任职资格条件库，从本质上来看二者是一致的。通过梳理企业现有员工的学历背景、任职资格、能力水平、绩效情况、可晋升程度、职业规划等进行企业内部劳动力的供给预测。人员核查是指了解企业内部不同级别、不同职位人力资源的数量和结构。随着技术的进步，很多企业开始基于计算机构建自己的人力资源数据库，这有利于提高企业人力资源管理的科学性和效率。从纵向来说，数据库可以追踪到每一个员工的具体情况，从横向来说，可以了解企业整体人力资源的布局，从而进行有效的预测。

（2）人员替代法

人员替代法是通过制作职位替代卡来进行内部劳动力供给预测的，针对某个岗位，为其列举出潜在候选人的当前绩效、发展潜能、可晋升程度以及是否需要接受相关培训等相关信息，从而使得该岗位的供给情况一目了然，能够进行有效的预测。人员替代法经常被用于管理人员的晋升和继任计划中。

（3）马尔可夫分析法

这是一种基于数学统计模型的预测方法，通过构建转移矩阵来预测某个职位的供给链条中的员工从一个职位晋升到另一个职位并能最终填补该职位的可能性大小（加里·德斯勒，2017）。使用马尔可夫分析法需要相应的历史数据，本质上是一种用企业过去的情况预测未来情况的方法，通常更适用于较为稳定和成熟的企业，不太适合快速变化的企业。

2. 外部供给预测方法

外部供给预测关键在于信息和数据的获取和分析，常用的数据收集渠道有政府公开披露的信息，如国家统计机构公布的经济发展情况相关数据、劳动力市场数据、毕业生数据等，还有社交媒体或民间机构发布的行业研报和社会调研数据等。此外，企业也可以自己或委托咨询公司对劳动力市场进行

调查和分析，从而预测本企业的劳动力供给情况。

第三节　数据驱动的人力资源规划

一、产生背景

从传统的人事规划发展到今天，人力资源规划的每一次进步都紧跟时代的脚步。在21世纪，我们很难用一个名词完整地概括这个时代的特征，甚至下定义这个动作还跟不上时代变化的速度。信息时代、互联网时代、大数据时代，各有侧重，却又不完全相同，总之，变化是这个时代最大的特点。"VUCA"时代下，不稳定，不确定，充满复杂性和模糊性，这对企业来说既是机遇也是挑战。正是因为高速的变化，每天都有无数的企业兴起也有无数的企业倒下。既要抓住稍纵即逝的机会，也要保持企业长久的生命力。规划周期进一步缩短满足快速变化的需要，但同时也要为组织长远发展和提高组织力进行长期布局，这对企业的人力资源管理而言是一个新的挑战。

以商品交易、资本流动、技术转移、人才跨国就业等为表现形式的经济全球化进一步深化，"智者建桥梁，愚者筑高墙"，无论是国家还是企业都在寻求经济的开放和共享。企业业务拓展到海外，甚至布局在全球，海外招聘、人力资源多元化、流动率较高、文化冲击等都是人力资源规划面临的难题。例如某企业计划在海外建厂，为了支撑此业务需要设立什么岗位、每个岗位需要多少人力资源、是在当地招聘还是外派员工、当地的福利薪资待遇应该如何设计等，诸如此类的问题都需要进行人力资源规划。

此外，随着近年来企业竞争的加剧和企业创新的需要，传统的人力资源管理依赖关系和经验的弊端显现，越来越多企业考虑人力资源管理的成本核算、效率优化等问题，循证式人力资源管理成为趋势。这需要人力资源管理人员从原始数据中挖掘、分析有用信息，形成结构化数据来指导决策，为企业提供最佳的人员问题解决方案。

在这样的时代背景、经济背景下，以往的人力资源规划并不能满足需要，主要体现在以下几个方面。

第一，虽然已经有较为成熟的人力资源定量、定性预测方法，但是绝大多数企业在平衡了成本等多重现实因素后基本上还是基于经验进行规划，这就使得规划结果科学性、客观性和精细化不足。

第二，通常参与决策的多是管理人员和人力资源部门，他们根据自身的管理经验和企业的历史数据制定规划，没有形成系统化、流程化的方法论，而且规划结果容易受到个人因素的影响，造成偏差。此外，从业务的角度来看，想要让人力资源规划与业务紧密挂钩，业务主管、一线员工的加入也十分必要。

第三，传统的人力资源规划由于数据收集整理等过程较为烦琐，及时性不足，且规划周期一般较长，无法满足企业快速变化的需要。从长远来看，人力资源规划本身应该具有连续性，应当形成一套专门的方法论以构成组织的竞争力，这样不仅可以提高规划的准确性，也能提高规划的效率，缩减成本。

第四，许多企业仍然将人力资源规划看作人力资源部门的一项职能性工作，看作每个规划周期都需要完成的一项常规性工作，但是对于规划本身的目的和意义并没有十分关注。这使得传统的人力资源规划能够发挥的作用非常有限，仅仅是人力资源部门开展工作的一个计划，但事实上，应当基于规划的过程进一步发现组织存在的问题，进行组织诊断，并相应地调整各项人力资源模块的政策，做到真正地盘活人才和支撑战略。

第五，传统的人力资源规划解释性和描述性较强，而预测性不足。当前企业处于动态的内外部环境中，规划不能只是某一个时间点的规划，也不能仅关注历史数据，而是要从数据中挖掘未来的趋势，未雨绸缪，先于业务变革。

外部环境的变化和人力资源规划本身存在的不足催生变革，而信息技术的进步是实现变革的必要条件。以互联网为代表的数字经济改变了人们生活和工作的方式，近年来人工智能、机器学习、大数据、区块链、物联网等新一轮的产业革命仍在加速过程中。数据驱动的人力资源规划的意义被越来越多企业认可，大数据不仅改变了规划的方式，提供多样化和高效率的工具，更重要的是，它使得企业越发重视对数据的收集、存储和分析，改变了企业对数据的认识和理解。

二、特征和目标

与传统的人力资源规划相比，数据驱动的人力资源规划更能顺应时代和企业发展的需要。本书认为，数据驱动的人力资源规划至少具备以下几个特征。

（一）数据驱动

显而易见，数据驱动的人力资源规划最大的特点就是基于数据，而不是主观经验。这一点上最有说服力的代表性公司是谷歌，作为全球最大的搜索引擎公司，谷歌的管理模式被很多企业竞相学习效仿，其中人力分析部分尤为出名。在谷歌，人力资源管理被称为人员运营，有专门的团队负责，任何关于人的决策都基于数据和分析，团队的目标是要让对人所做的决策和对工程所做的决策一样严格。谷歌将数据纳入人力资源管理的各个方面，包含对领导力、离职率、员工福利、员工绩效的研究等等，其中在人力资源规划方面，它开发了预测模型，使用假设分析来预测未来的人员管理问题，保持人员的供需平衡，避免人员冗余和不足。不仅仅是谷歌，现在越来越多互联网公司内部都设有人员运营团队，例如国内互联网新势力字节跳动科技有限公司的人员运营部门专门负责核算人力资源成本、提高效率等工作。数据驱动是未来人力资源规划乃至整个人力资源管理不可逆转的发展趋势。

数据驱动并不仅仅意味着在规划时使用数据，否则这与传统的定量人力资源规划方法并无区别。数据驱动的含义，一则是企业整体决策思维的转变，任何决策都应基于数据和分析而不是管理者凭主观经验得出；二则是数据从生成、收集、存储、整理、分析到指导决策整个过程方法的进步和先进技术的使用。

(二)问题导向

以往的人力资源规划是人力资源部门的职能性工作，而数据驱动的人力资源规划则应以问题为导向，与组织诊断紧密联系。规划的目的和意义应当大于规划这个动作本身，人力资源规划不是为了规划而规划。当组织内外部环境发生变化，需要拓展业务，发生了兼并重组等重大变革，存在离职率和流动率较高、创新性不足等问题时，都应当重新盘点和规划人才资源并进行有效配置。通常进行一项规划时，设定规划目标是第一步，然而许多企业在实践时恰恰将这一步跳过或是形式化。数据驱动的人力资源规划需要从企业出现的问题出发，以解决问题为目标，以问题贯穿整个规划的始终。以一家津巴布韦的企业为例，该企业想要了解公司是否因为员工过多而支付了许多不必要的成本，换句话说就是如何确定一个企业最佳的人员配置水平，以此为出发点，该企业改变了原来仅凭主观经验增加或缩减员工的做法，而是收集数据进行合理的计算最终达到目标。

(三)动态过程

企业面临着高不确定性和高速变化的内外部环境，要求人力资源规划必须由传统的静态规划、点规划转变为动态规划。以往在进行规划时，从收集整理数据到产出规划步骤较为烦琐，且数据是静态的，不能随时根据情况变化进行调整，导致规划无法完全适应企业的发展，具有滞后性和偏差。而在近几年，随着大数据等信息技术的进一步发展，实时收集数据，提高数据的及时性和有效性成为可能。许多企业会内部建立或者外部购买人员管理信息系统，将所有员工的信息和相应数据纳入，并且能够随时更新。人力资源规划基于信息系统中收集的数据，并以动态仪表盘等形式呈现，保证了规划的及时性。

(四)监视和决策工具

传统的人力资源规划在本质上是一个规划工具，为决策提供参考性建议。数据驱动的人力资源规划以问题为导向，本质上是一个监视和决策工具。它的动态性使其可以随时了解组织内部的变化，发现组织的问题，平衡人力资源供给和需求，并基于规划分析的结果，做出相应的决策。但需要注意的是，数据本身并不能直接指导决策，人力资源管理的意义和价值体现在对数据的分析和挖掘上，数据可能欺骗人的眼睛，需要人结合其他因素对数据进行合理的解释、分析和预测，以充分发挥数据的作用。有些企业在引入数据化管理方式的过程中，存在着矫枉过正的问题，以数据为唯一标准，显然颠倒了主次关系。

(五) 重视预测

规划是一个面向未来的动作，应当起到预测企业可能发生但尚未发生的事情的作用。传统的规划着重于对数据的描述和解释，预测性不足，能发挥的作用有限。维奈·库托（Vinay Couto）等人曾发表文章称，陶氏化学公司是一家成立于1987年的美国跨国公司，该公司收集了4万多条员工的历史数据并进行归类整理和建立预测模型，预测员工的离职率和流动率，使得在化工行业发展不稳定的背景下形成劳动力预测数据，为公司的良好运营打下基础（引自《组织管理：如何量化你的员工》，2011）。数据驱动的人力资源规划将重点放在基于数据预测企业未来人力资源的状况方面，起到未雨绸缪的作用。

除此之外，数据驱动的人力资源规划还具有重视互联网的中介作用、关注规划的投资回报率、需要业务经理和员工的参与等特征。

基于这些特征，数据驱动的人力资源规划的目标不仅局限于规划，而是与组织战略、组织诊断、组织效率等紧密结合，具体如下：

第一，支撑企业战略和业务发展，保持企业人力资源的供需平衡，提高人员效率，维持企业人才活力，提升组织竞争力，这始终是人力资源规划的核心目标。

第二，了解和监控企业的现状，通过盘点、梳理人才及时发现组织中存在的问题，纠正组织偏差。

第三，为企业的各项人力资源政策提供规划，并追踪和评估政策实施情况和结果。

第四，评估人力资源规划政策的实施效果，降低政策实践成本，提高规划投资回报率。

总体而言，与传统的人力资源规划相比，数据驱动的人力资源规划更加客观、科学和精细，是一个动态化的人力资源监控和决策工具。它以问题为导向，关注效率，重视预测，更加适应时代变化背景下处于激烈竞争环境中的组织。

三、方法和流程

数据驱动的人力资源规划内容可以分为目标制定、数据收集、分析和可视化、政策制定和执行、方案评估几大部分，如图3-2所示。

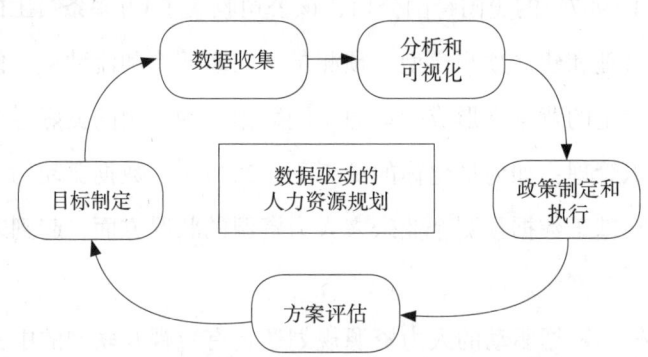

图3-2 数据驱动的人力资源规划方法和程序

（一）目标制定

1. 人员准备

人力资源规划不仅仅是人力资源部门的事情，上至企业高管，下至一线员工都应该参与到规划中来。宏观上，高管团队要给予充分的支持和理解，参与并主导企业战略的分析和组织诊断。中观上，人力资源部门和业务部门应紧密合作，通过研讨会等方式发现当前存在的问题，收集业务部门提出的相应需求。微观上，一线员工可以通过员工网络社区、与首席执行官

(CEO）面对面、意见箱等方式发声，提出诉求和建议。

从相关人员的胜任素质来看，参与规划和制定决策的员工除了具备基本的管理知识以外，还应当熟悉商业分析或数据分析，会使用基本的统计软件。例如谷歌的人力分析团队内大致有三分之一的人员来自管理背景，三分之一来自数据分析背景，三分之一来自咨询公司的背景。人员背景并非决定因素，但至少应当具备相应的技能。

2. 战略和环境分析

战略为先，数据驱动的人力资源规划仍然以战略作为最根本的依据。不同类型的战略如发展型战略、收缩型战略、成本领先战略、差异化战略等都需要不同的人力资源方案予以支撑。在战略的基础上，运用SWOT模型（Andrews，1971）、PEST模型（Johnson & Scholes，1999）等分析企业的内外部环境，找到企业面临的机遇和挑战、内部的竞争优势和劣势。

3. 发现问题和设立目标

基于以上分析，挖掘和定义组织面临的问题。与业务相关的问题例如企业如果要拓展新的业务，需要相应设立什么岗位，每个岗位需要多少人力资源。与人员相关的问题例如员工的离职率、流动率是否过高，是否存在人员冗余或不足，人才断层，晋升通道不畅通，企业付薪效率过低，员工满意度较低等问题。发现问题的操作方法有问卷法、历史资料分析法、访谈法、专家讨论法等。基于问题，设定人力资源规划的目标，使得规划的整个过程围绕目标进行，不能偏离重点。

(二)数据收集、分析和可视化

1. 数据收集

首先关注数据来源，人力资源规划中需要的数据往往来自以下几个方面。

（1）企业内部的信息系统

许多企业购买或者自行建立组织的人才信息系统，形成电子化信息档案，系统内完整地记录了人才的背景信息包含性别、年龄、学历等基本信息、入职时间、部门、岗位、职级序列、汇报关系等工作信息，培训情况、薪酬水平、绩效考核情况、成果奖励、个人荣誉、合同期限等人力资源信息以及领导力水平、胜任力素质、职业生涯发展规划等个人能力信息。信息系统能够及时更新，保持动态性，随时提供需要的人员数据，为进一步的数据分析和挖掘提供基础。也有很多企业使用企业资源计划系统（ERP, Enterprise Resource Planning），该系统包含财务、物流、人力等众多核心模块，把各个模块的信息通过软件集成起来，整合企业内部资源，实现资源共享，提高组织的运营效率。

（2）企业内部的调查问卷和统计数据

这里的统计数据不仅仅是人员相关的数据，也包含业务数据、财务数据等，例如企业编制的年报、月报、季报等。

（3）互联网

随着信息技术进一步发展，互联网逐渐成为劳动力市场的重要中介，已经有很多学者对基于互联网的劳动力大数据进行过分析，招聘网站和搜索引擎提供的数据能够预测劳动力市场的供求关系，了解有关工作的搜寻与匹配信息，如谷歌和百度两大搜索引擎公司有"谷歌指数"和"百度指数"，就是通过分析人们在搜索引擎中输入的问题来进行预测。基于互联网的大数据相比于传统数据而言，及时性更强，数据规模更大，受到社会赞许性等因素的影响更小。但同时，互联网上的原始数据非常庞杂，需要进行清理和分析，挖掘数据反映的现实情况。

（4）实验数据

除了自然生成的真实的数据之外，有些企业在解决问题建立模型时，会进行模拟实验并生成实验数据以找到最优模型和最佳解决方案。

（5）政府统计数据和劳动力市场数据

例如国家统计局发布的统计年鉴，劳动力市场报告等。

（6）标杆企业的数据

企业在制定人力资源规划时除了考虑自身的情况，通常会对标业内领先企业，因此在不违反相关法律和商业伦理的情况下，了解标杆企业的相关做法和信息对于制定人力资源规划而言也十分有必要。

（7）行业报告

由政府或咨询公司等机构发布，可以让企业了解行业发展的趋势。

2. 结构化数据

在通过各种方式收集完数据后就得到了人员原始数据，但原始数据通常没有结构、不连贯，需要进行清理和结构化，形成可以使用的数据库(黄振琼，2019)。通常使用二维表结构来表达数据，并且需要遵循严格的数据格式和长度规范。结构化数据能够实现高速数据存储、数据共享、数据备份等。在对原始数据进行结构化的过程中，建立结构化的逻辑实则也是对企业内的人力资源管理进行梳理和规划，实现从人才原始数据到人才标准化的过程。

3. 数据分析

通常数据分析的类型有描述性分析、诊断性分析和预测性分析。描述性分析包含基础的统计分析、趋势分析、相关性分析等，主要是对数据进行初步归纳和整理。它回答了"是什么"的问题。例如企业的离职率、流动率、在职员工人数、员工的绩效完成情况等。

诊断性分析包含因果分析、金字塔分析等，它主要回答"为什么"的问题。在描述性分析后，管理者可能会发现组织中存在的问题，例如某个月份员工的离职率较高、某个部门存在着人员冗余或者不足的情况，并且试图通过查询数据了解导致问题的原因。例如使用数据穿透查询，在统计表中如果想要查询某一个数据，点击相应数字，就能够查询到原始数据，了解初始情况，以判断问题产生的原因。

预测性分析包含回归分析等，它主要回答"会怎么样"的问题。这也是数据驱动的人力资源规划所重点关注的部分，它根据算法建立模型，预测企业可能发生的情况。谷歌公司在进行预测时采用了趋势分析和情景分析的办法，趋势分析是一种定量技术，情景分析是一种定性技术，将不同变量进行

组合预测每种情境下的人力资源需求。(引自《看一看Google的人力资源规划是怎么做的》, 2016)

4. 数据模型化

从数据到变量,从变量到概念,从概念到假设,最终形成模型的过程就是数据模型化的过程。在人力资源规划中,数据模型这一步骤是要找到驱动因素或被称为预测变量,进行模型的拟合和优化。换句话说,是要确定什么因素在影响着企业所关注的问题,什么因素在影响人力资源的供给和需求。

人力资源规划支撑企业的战略,服务于企业业务,无疑业务量是人力资源需求预测最重要的影响因素。常见的业务量测算方法有线性分析法、半平均法和季节变动预测法等。在测算完业务量后,拟合业务量与人力资源需求的模型,使用趋势分析等方法,计算出人力资源需求。(张明辉, 2017; 张光鹏, 2011)

5. 数据可视化

数据可视化是从数据分析到指导决策过程中非常重要的一步,可视化的效果直接影响了决策方案制订的效果。通常人力资源各项计划的决策者并不一定是进行人力资源规划的员工,这就意味着需要搭建一个对话平台,让决策者对数据一目了然并在此基础上制定出正确的政策。此外,还需要保证可视化的数据是动态的,能够随时监控组织内发生的变化,及时更新数据。在具体的工具方面,可以使用Tableau、Excel等软件,建立数字动态仪表盘、人才地图等,实现数据的呈现,以支持管理者做出决策。随着技术进步,穿透查询、交互反馈等技术也被用于数据可视化方面,提升了用户体验和决策效率。(黄振琼, 2019)

(三) 政策制定和执行

完成数据分析后,需要基于分析和模型化的结果进行政策的制定和执行。这一步骤与传统的人力资源规划并无本质差别,但需要注意的是数据驱动的人力资源规划坚持以问题为导向,在制定政策时需要重新回顾制定规划的出发点,围绕当时提出的问题制定具体的政策。例如,企业通过人力资源规划了解到每年年底存在员工大量离职，导致员工供给量不足的问题，并且发现晋升通道不畅通、薪资竞争力较低是主要因素，那么就需要制订或调整相应的招聘方案、薪酬福利方案以及人员晋升方案。方案制订后，再具体落实到各个部门。

(四)方案评估

闭环思维是一个重要的管理思维，然而和企业培训一样，对人力资源规划方案的评估是大多数企业做得最为薄弱的一点。本书认为一项完整的评估至少应该包含以下几个方面。

1. 检视规划方案是否解决了规划目标

在规划之初企业通过组织诊断等方式发现问题并设定了目标，评估规划时首先就要看目标是否达成，问题是否已经解决。具体而言，就是人才缺口是否被弥补，冗余人员是否进行了合理合法的裁减和流动，人才晋升通道是否通畅，是否还存在着人才断层的问题等等。想要确定目标的达成情况，仍然需要如规划初期那样收集相关的数据和信息，如组织研讨会和员工访谈。

2. 了解员工的满意度和相关建议

组织的方案最后作用到员工身上，员工的态度和意见至关重要。应当在规划执行后的不同时间点进行员工满意度调查并收集相关建议，及时纠正方案的偏差，并且对方案不断优化。谷歌公司内部开发了一个专门进行员工问卷调查的平台，员工需要花费约半个小时进行填答，但令人惊讶的是，该问卷调查的填答率很高，这和员工建议能被有效地转化不无关系。人力资源部门需要让员工感受到问卷调查的意义所在，看到合理建议真正被落实。

3. 关注投资回报率

人力资源规划本身要耗费一定的人力、物力、财力和时间资源，这也是很多企业不重视人力资源规划的原因，只能看到付出的成本，却难以衡量其为组织带来的回报。数据驱动的人力资源规划一个显著的优势是决策基于数据做出，在评估政策施行后的投资回报率（ROI）时更加容易，从而起到控制成本、提高组织运营效率的作用。

当前很多企业仍在初步探索数据驱动的人力资源规划，学者黄振琼（2019）在《人才资源开发》上发表文章，介绍了中国石化西北油田在数据驱动的人才盘点方面所做的工作。该公司首先聚焦目标，针对"需要什么人才、拥有多少人才、如何发展人才、如何配置人才"找到公司存在的现有问题，如数据缺失，人力资源体系化不足等。然后寻找科学创新的方法，建立了"结构化、模型化、可视化、方案化"的人才盘点模式。在具体的举措方面，该公司以信息系统提供的数据为基础，通过访谈、研讨会全面收集信息建立员工的个人数据库，定义人才评价指标。接着根据专业的不同将现有员工划分为六大领域，通过使用人才九宫格进行科学合理的人才分类，实现人才格式化。之后对人才数据进行建模分析，在已有的人才评价指标的基础上搭建了二维数据结构，明确不同岗位的能力标准，并将结果可视化，绘制人才地图。在数据分析的基础上，制定相应的人力资源政策。针对专项问题如女性员工潜力挖掘等精准发力，高效准确地解决问题。最后对整个人才盘点过程进行总结和评价，评价具体到每一个问题，并尽可能用量化的方式体现成效。

从中国石化西北油田的案例中可以看出，以解决问题为最终目标，以目标为导向，让数据贯穿始终是其整个人才盘点最为突出的特征，这同样是数据驱动的人力资源规划区别于传统人力资源规划的显著特征，也是它带给我们的启迪和思考。

四、难点

虽然数据驱动的人力资源规划已经被用于实践，但是对于大多数企业而言想要使用和推广仍旧存在很多困难。

第一，隐私问题。数据时代每个人的生活都在被记录着，浏览过的网页、所处的位置、社交网络等私人信息变得不再私密（史珍珍，曾湘泉，2016），个人隐私和公开信息之间的边界越发模糊。基于互联网的大数据虽然可以预测劳动力供需，却也引发了人们的担忧，越来越多的人开始具备隐私安全保护意识，在未来大数据的收集和使用将会更加严格和规范。

第二，人才信息系统所需成本和技术要求较高，信息收集不全面，形成数据孤岛（黄振琼，2019），无法形成结构化的数据。很多企业处于建立人才信息系统的起步阶段，数据库的建立和维护都需要投入一定成本，而且收集的信息尚不完全，还无法支撑人力资源规划。

第三，数据驱动的人力资源规划对人力资源部门的员工要求较高，需要其掌握数据分析、商业分析等知识，对于大多数企业而言，人力资源部门的员工都来自管理背景，技能要求的提高意味着人员的迭代和升级，且本身掌握这些技能的员工在劳动力市场上也较为缺乏，这对于企业而言是一个较大的挑战。

总体而言，数据驱动的人力资源规划顺应了时代发展和人力资源管理进步的潮流，更加符合当前高度变化和不确定性背景下企业竞争的要求。它相对于传统的人力资源规划而言，更加科学、精准和客观，有利于提升组织运营效率、降低成本、提升组织的竞争力。

附：人力资源规划常见分析指标

表3-1 人力资源规划常见分析指标

指标分类	指标名称	含义	计算方式
人力资源数量	期初员工数	组织在统计期的第一天所有员工的数量。	/
	期末员工数	组织在统计期最后一天所有员工的数量。	/
	员工平均数	组织在统计期内员工人数的平均数。	如：月平均数=（月初人数+月末人数）/2 或月平均数=日员工数之和/统计月日数
	岗位人员数	组织各个岗位任职的员工数量。	/
	部门员工数	组织内各部门员工的数量。	/

续表

人力资源规划常见分析指标			
指标分类	指标名称	含义	计算方式
人力资源素质	员工平均年龄	组织所有员工年龄的平均数。	员工平均年龄=所有员工年龄之和/员工总数
	员工平均工龄	组织所有员工工龄的平均数。	员工平均工龄=所有员工工龄之和/员工总数
	员工平均受教育年限	组织所有员工受教育年限的平均数。	员工平均受教育年限=所有员工受教育年限之和/员工总数
人力资源结构	管理人员比例	组织管理人员占总体员工的比例。	管理人员比例=管理人员数量/员工总数
	部门人员比例	组织内各部门员工数量占总体员工的比例。	部门员工比例=某部门人员数量/员工总数
	新生代员工比例	组织"80"后和"90"后员工占总体员工的比例。	新生代员工比例="80"、"90"后员工数量/员工总数
	各年龄层次员工比例	组织各个年龄段员工占总体员工的比例。	某年龄段员工比例=某年龄段员工数量/员工总数
	各学历层次员工比例	组织各个受教育层次员工占总体员工的比例。	某学历层次员工比例=某学历层次员工数量/员工总数
	各评价等级员工比例	组织依据内部评价等级划分员工,各个评价等级内员工数量占总体员工的比例。	如:某职称等级员工比例=拥有该职称的员工数量/员工总数
	岗位分布	组织各个岗位任职的员工数量占总体员工的比例。	某岗位分布=某岗位员工数量/员工总数
人力资源流动	员工新增率	组织统计期内新增员工的比例。	员工新增率=(期末员工数−期初员工数)/期初员工数
	员工离职率	组织统计期内离职员工占总体员工平均数的比例。	员工离职率=离职员工数量/总体员工平均数
	员工主动辞职率	组织统计期内主动辞职的员工占总体辞职员工的比例。	员工主动辞职率=主动辞职员工数量/离职员工数量
	员工内部流动率	组织统计期内变动岗位的员工占总体员工平均数的比例。	员工内部流动率=变动岗位的员工数量/总体员工平均数
	员工晋升率	组织统计期内晋升的员工占总体员工平均数的比例。	员工晋升率=晋升的员工数量/总体员工平均数
人力资源效率	人均劳动生产率	组织统计期内平均每个员工对组织产值的贡献。	人均劳动生产率=统计期组织总产值/员工平均数
	人均销售收入	组织统计期内平均每个员工给组织带来的销售收入。	人均销售收入=统计期组织销售收入/员工平均数
	人均利润	组织统计期内平均每个员工给组织带来的税前利润。	人均利润=统计期内组织总税前利润/员工平均数
	人均运营费用	组织统计期内平均每个员工产生的运营费用。	人均运营费用=统计期内组织总运营费用/员工平均数

参考文献

[1] ANDREWS K R. The concept of corporate strategy [M]. Homewood Illinois: Irwin, 1971.

[2] JOHNSON G, SCHOLES K. Exploring corporate strategy: texts and cases [M]. 6th Edition. New York: McGraw Hill, 1999.

[3] PORTER M E. Competitive strategy: techniques for analyzing industries and competitors [M]. Simon & Schuster US, 1980.

[4] 黄振琼. 基于数据分析的人才盘点技术研究与实践——以中国石化西北油田为例 [J]. 人才资源开发, 2019(19)58-62.

[5] 德斯勒. 人力资源管理 [M]. 刘昕, 译. 14版. 北京: 中国人民大学出版社, 2017.

[6] 看一看Google的人力资源规划是怎么做的 [EB/OL].(2016-12-30)[2019-12-30]. http://www.hrsee.com/?id=494.

[7] 刘明鑫, 刘崇林. 人力资源规划 [M]. 2版. 北京: 电子工业出版社, 2010.

[8] 李燕萍, 陈建安. 人力资源战略与规划 [M]. 北京: 高等教育出版社, 2016.

[9] 斯帕克曼. 大数据与人力资源: Facebook如何做人才战略规划 [M]. 谢淑清, 译. 杭州: 浙江大学出版社, 2019.

[10] 彭剑锋. 人力资源管理概论 [M]. 3版. 上海: 复旦大学出版社, 2018.

[11] 司徒达贤. 策略管理新论: 观念架构与分析方法 [M]. 台北: 元照出版有限公司, 2016.

[12] 史珍珍, 曾湘泉. 大数据在劳动力市场研究中的应用与展望 [J]. 外国经济与管理, 2016, 38(7): 96-112.

[13] 张相林, 吴新辉. 人力资源战略与规划 [M]. 北京: 科学出版社, 2016.

[14] 张明辉. 人力资源规划——结合业务量的测算分析 [M]. 北京：清华大学出版社，2017.

[15] 张光鹏. 我国卫生人力资源需求分析与预测 [J]. 中国卫生政策研究，2011, 4(12): 1-5.

[16] 组织管理：如何量化你的员工 [J]. 国家电网, 2011(8): 9-9.

| 第四章 |

数据驱动的招聘

在企业已经成功借助数据分析技术对人力资源体系进行整体规划之后，本章节将介绍数据思维在招聘中的应用。首先，回顾目前大多数传统企业正在使用的传统招聘技术和方法；其次在传统的基础上，介绍在新时代下，如何将新技术与招聘相结合，并为读者准备了众多企业运用人力分析技术开展招聘的实例分享；最后本章将会提出招聘的众多量化指标，为企业的招聘工作提供借鉴。

第一节 传统理论和方法

招聘工作的核心理念在于找到合适的人，在这一核心理念的指导下企业开发出各种各样的方法进行人才的甄选。我们将传统的方法和理论分为两部分：第一部分主要介绍招募的方法，主要是指招聘信息的发布渠道；第二部分主要介绍传统的人才甄选方法，侧重于如何从众多候选人中挑选出符合企业要求的"合适"人才。首先，我们回顾企业常用的招聘渠道和方法。

一、传统招聘理论和方法

招聘是指企业或者组织采用科学的方法，寻找、吸引、选拔及录用所需人员的过程。主要流程包括需求提出、人员招聘信息发布、人员甄选、招聘有效性评估（赵中利，2013）。简单来说，招聘是指为企业弥补职位空缺，弥补的方式主要包括内部渠道和外部渠道。内部招聘是指在企业内部寻求合适的人才弥补职位空缺。所采用的方法包括内部晋升、岗位轮换、返聘等。外部招聘是指向企业外部人员发布职位空缺信息，吸引合适人才前来应聘的方式。所采用的方法包括报纸、招聘会、网络招聘等（彭剑锋，2004）。

（一）内部招聘的方法——竞聘上岗

内部招聘的目的在于激活内部员工，充分调动内部员工的积极性，同时从内部弥补人才空缺，能够最大化减少组织内部破坏。内部招聘大多在企业内网上发布，从而提高内部招聘的时效性和效率。

例如，索尼公司董事长盛田昭夫曾在与职工的谈话中发现，年轻职工的能力可能会受到所处职位的限制，不能阻碍他们的发展之路，所以索尼开始实行内部招聘制度。他们会在每周出版的内部小报上发布各部门的"求人广告"，员工可以秘密且自由地前来应聘，上级领导无权阻止。内部招聘为索尼内部的年轻员工提供了广阔的发展空间。

（二）外部招聘的方法

1. 员工推荐法

推荐法是由企业内部在职的员工，依托自己的社交关系渠道，将自己熟知的人推荐到企业内，再由人力部门进行筛选。2015年美国iCIMS公司通过对107位人力资源专业人士进行调查，发现63%的人表示他们的公司有制度化的员工推荐制度，由此可见大多是企业都拥有属于自己的内推制度。

例如，Fiverr，一家位于以色列特拉维斯的全球性Freelance服务平台，采用游戏化的积分模式增加员工推荐。该公司利用Zao软件（一个提供员工推荐计划的App），该软件为推荐人提供了一个竞争模块，它能够帮助员工记录他们所采取的所有行动积分以及信誉。根据Zao排行榜上的积分，排名靠前的推荐人每季度和每年都会收到礼物。

2. 广告招聘

发布广告是企业从外部招聘人员最常用的方法之一。广告能够打破时间与空间的限制，高效地传递职位空缺信息。广告招聘的媒体选择包括以下几种：

（1）报纸

报纸招聘的优点在于成本低、发行量大、广告大小灵活。缺点在于发行对象不确定，应聘者素质参差不齐，招聘信息保留时间短。该方法适用于短时间内在某特定领域补充空缺职位的企业。

（2）杂志

杂志招聘的优点在于接触目标群体的概率较大，可以较长时间被看到，视觉冲击力较强。缺点在于不能即时发布信息，需要符合杂志的发行时间，并且发布信息的前期准备较长，需与杂志方沟通细节，针对对象较为狭窄。该方法主要针对企业对空缺职位非迫切补充，职位候选人集中于某一专业领域。

（3）广播电视

广播电视招聘的优点在于容易吸引不积极的求职者，信息时效性强，视觉感觉较好，某些时段受众众多，印象深刻。缺点在于成本较高，持续时间短，不能查阅。该方法适用于宣传企业形象时，发布相应的职位空缺信息，目前主要适用于校园招聘中塑造企业形象。

3. 招聘会招聘

人才招聘会提供了企业与求职者双向交流的机会。企业可以通过参加招聘会直接获取大量应聘者的相关简历信息，可信度较高，招聘成本低，招聘周期短，招聘效率高。

4. 校园招聘

校园招聘是指以校园内的应届毕业生为招聘对象以弥补组织职位空缺。校园招聘已成为一些国内外大中型企业吸引优秀人才、宣传企业品牌形象必不可少的重要渠道之一。主要因为校园招聘到的应届毕业生往往数量大、素质高，且学习愿望和学习能力较强，可塑性较强；除此之外，与多年工作经验的人员相比校园招聘的员工薪酬较低。当然，直接招聘应届毕业生也存在一定的风险和问题，如无工作经验，需要大量前期培训；毕业生刚毕业往往过于理想化，高估自身能力和价值，容易对工作和企业产生不满；在毕业后几年有较高的跳槽率等等。

5. 网络招聘

网络招聘，是利用移动互联网技术，通过公司自有网站、专业招聘网站，发布职位空缺信息，在线收集及筛选简历，用以推进整个招聘过程。国内较著名的专业招聘网站有智联招聘网、前程无忧网、猎聘网等。网络招聘因其自身具有的便利性以及低成本的特点，受到了企业的热烈欢迎。90%的世界五百强企业使用在线招聘，每年几乎拥有1800多万人在Monster.com网站求职。

6. 社交渠道招聘

自网络招聘不断兴起，除了公司自己的网站和专门的招聘网站之外，招聘开始向社交平台扩展。根据艾瑞咨询的统计数据，2009年中国网络招聘市场规模达12亿元，相比2008年增长9.2%，2010年更是逼近15亿元。同时，2010年壳牌、雅虎、人民网等入住人人网招聘平台。同年6月，根据美国市场研究公司eMarketer的统计数据，利用LinkedIn、Facebook、Twitter社交网站进行招聘的公司分别占80%、55%、45%。当时的社交网站招聘实质上相当于网络招聘的进一步扩展，增加了社交平台的功能。但当时的社交招聘是为候选人和企业搭建更为便利的渠道，还未发展成熟，后文将会详细介绍新时代下的社交渠道招聘。

除了以上几种主要员工招聘方法之外，还有猎头公司招聘、人才中介机构招聘、员工自荐等招聘方法。

二、传统测评理论和方法

人才测评是以现代心理学和行为科学为基础，运用现代测评技术，通过人机对话、心理测验、面试、情景模拟等技术手段，对测试者的素质状况、发展潜力、个性特点等心理特征进行客观测量和科学评价的过程，简而言之，人员测评是对个人稳定的素质特征进行的测量与评价（时勘，2017）。

招聘环节中的测评往往是为了帮助企业获取到合适的候选人，但不同的人才管理环节会带来不同的测评目的，总而言之，人才测评的目的主要集中在三个方面：选拔人才、分析人才、激励人才。利用测评的结果对人才进行衡量，制订改进计划，推进人才的不断发展，以满足组织的需要。

国内企业在招聘环节中主要采用面试、笔试、心理测验、评价中心技术这四种方法，下文将详细介绍这四种测评方法（王岩，2019）。

(一)面试

1. 结构化面试

结构化面试，又称标准化面试，它通过设计面试问题、试题评分标准等对应聘者进行系统的标准化面试。结构化面试主要分为两种：

（1）行为事件面试法

行为事件面试法是通过一系列问题如"这件事情发生在什么时候""您当时是怎样思考的""为此您采取了什么措施来解决这个问题"等，获取候选人在一些重要事件中的行为选择和心理状态等信息。

（2）情景面试

情景面试中，面试者要围绕实际工作中会出现的具体情境提出问题。

2. 非结构化面试

面试没有固定的模式和提问问题，由候选人最大限度决定面试的走向，灵活自由，适用于招聘中、高级管理人员。

3. 压力面试

由主试者有意识地对应聘者施加压力，针对某一事项作一连串发问，不但详细而且追根问底，直至无法回答，甚至激怒应聘者。看应聘者在突如其来的压力下能否做出恰当的反应，以此观察其机智和应变能力。

(二)笔试

笔试的历史可以追溯到古代的科举制度，是指在用人机构的统一安排下，候选人在规定的时间内解答试卷，最终由用人机构出具考试结果，对候选人进行有效评估，从而达到筛选人才的目的。笔试往往成本较低，且对候选人能够产生横向对比,因而受到众多用人单位的青睐,例如公务员选拔中的初试便是行政能力测试和申论。现在大多数企业在进行人员初筛时都会选择以笔试的形式,考察候选人的思维逻辑能力、推理能力、文字表达能力等。但笔试需要保证试卷设计的合理性以及评阅的科学性,任何评阅人的主观影响都会影响笔试的科学性。

(三)管理评价中心技术

又称人才测评中心法,是指在相对隔离的环境中,采取多种方法组合进行综合考察,从而客观地评价个体素质的方法。该方法是目前测试准确性最高的一种方法。

1. 无领导小组讨论

无领导小组讨论是最经常使用的测评方法,采用情景模拟的方式对一组考生进行集体面试,一般要求6~9人为一组,对考官给定的问题展开讨论,讨论中并不指定每个人的身份,每个人的角色由应聘者自行决定。无领导小组讨论主要用于考察候选人的沟通能力、协调能力、逻辑能力等,往往所选择的议题与所应聘的岗位存在关联,进而可以考察候选人是否能够胜任该职位要求。无领导小组讨论中能够使应聘者在无意识中展现自身更为深层的人格特质,帮助考官对考生之间进行横向对比。

2. 角色扮演

角色扮演往往要求参与者扮演某种角色,以该角色的行为进行表现。此活动往往是以团队的模式进行,会观察出或者锻炼参与者的合作能力以及与人交流沟通能力。角色扮演的成败关键在于参与者是否能够真正将自己代入设定的角色,只有真正融入角色,站在角色的立场思考问题、进行决策,才能真正发挥角色扮演的作用。

3. 公文筐处理

公文筐处理主要考察候选人对公文和文件的处理能力,参与者往往会被分配到一些需要处理的公文报告等,这些公文报告一般是与岗位密切相关的,面试官会要求候选人在规定的时间内对所分配的公文进行处理和分类,最终会要求候选人说出这样处理的理由并形成纸质资料回收，以此来判断候选人是否能够应对工作中出现的任务。公文筐处理更为灵活，可以根据实际应聘的岗位对资料进行调整，同时也能发现候选人是否具备潜能和能力。但公文筐处理需要对题目的设定更为专业，成本更高。

4. 管理游戏

管理游戏是由应聘者共同参与模拟的管理经营活动，根据考核需要，设定相关的游戏环节或游戏情节，以游戏方式考察应聘者所具备的能力。一方面，管理游戏能够增加候选人之间的沟通和交流，判断候选人的人际沟通能力；另一方面，所有候选人能够同时处于一个时空内，便于进行横向对比，筛选出更为合适的候选人。管理游戏一般更多用于管理者的培训活动中，帮助管理者找到能力上的不足并加以弥补，使管理者能够在趣味性和专业性融合的活动中，感受到自身的优势和劣势，进一步提升自身的管理能力。

(四) 心理测试

心理测试法是指为了从个人处获得关于知识、能力、人格或者行为的信息而设计的一种客观的、标准化的测量方法。测试的目的是寻找最适合从事某职位工作的人员，减少聘用后的流动。最初的心理测试主要在于进行智力测试，后被军队采用用于选拔士兵，第二次世界大战后开始应用于美国服务行业，逐渐进入企业人力资源管理体系。1942年美国军队使用费朗拿根（J. C. Flanagan）等编制的全套心理测量工具，使飞行员的淘汰率下降了29%。可见心理测量可以真正地帮助用人单位，为用人单位选拔合适的人员提供助力。当下企业实践中主要包括了以下几种测验方法：

1. 人格测验

主要对被试者的人格特征进行考察，例如大五人格中的宜人性、外向性、严谨性、神经质。可以通过了解被试者的人格特征，将之与其所应聘的职位进行匹配，进而促使个体能够在符合自身性格倾向的岗位上创造出更好的工作绩效。主要的人格测验方法有两种：一是自陈式量表，由被试者自己报告自己的情况。包括明尼苏达多项人格测验（MMPI）、卡特尔16种因素人格测验（16PF）等。二是投射法，主要是观测被试者对于一些图片等信息的反应，这种反应往往掺杂了个体的情绪、欲望等深层次人格特征，包括罗夏墨迹测验、荣格文字测试、主题统觉测验等方法。

2. 能力测试

能力测试主要用于对被试者在专业能力、知识和技能方面的测量，例如国内公务员考试中的行政能力测试和申论，主要考察逻辑能力、归纳能力、语言关系能力等。在招聘实践中，往往会将与应聘职位相关的能力提炼成相关题目，对候选人进行考核。

例如亚马逊在聘用市场部的员工时，会要求进行线上测评，测评内容包括性格测试、职业倾向测试，同时也会加入情境问题，大多数情境问题都是以未来可能会遇到的工作问题，这些题目最终会形成个人报告和分数，将候选人的分数与该部门当前的平均分进行衡量，从而判定该候选人是否合适，达到筛选的目的。

3. 职业能力倾向测验

职业能力倾向性测评是用于测定从事某项特定工作所具备的某种潜在能力的测评，可以预测应聘者在某职业领域中成功和适应的可能性，或者判断哪项工作适合他。例如霍兰德的职业兴趣测试、MBTI（迈尔斯布里格斯类型指标）职业性格测试等。

4. 智力测验

智力测验由来已久，从少儿扩展到成人，也开始推广到军事、商业等诸多行业。目前，研究者已经开发出了诸多成熟完善的量表。例如，斯坦福-比纳量表（Stanford-Binet Intelligence Scale-IV, 简称SB-IV）、戴斯-纳格利尔里的认知评估系统（主要面对5岁0个月至17岁11个月的个体）、韦氏智力量表（Wechsler Intelligence Scale）。

以上便是组织中常用的人才测评方法，通过这些传统的测评方法，能够大大提高人才招聘的成功率，为企业招聘到合适的人才。但这些方法也会因为面试官的主观因素等原因，让企业错失优秀的人才。为了不断提升人才招聘的成功率，降低招聘成本，企业也在不断革新，不断寻找新的技术和方法，下一章节则主要介绍企业采用新方法和新技术来助力企业招聘活动。

第二节　新招聘技术和方法

随着人工智能以及5G时代的到来，招聘的方法也不断与时俱进，新的技术不断渗透到招聘过程中。本节将主要介绍新时代下兴起的新招聘方法。

一、信息发布

（一）短视频招聘App

伴随着抖音、快手等短视频平台的火爆，短视频开始逐渐渗透到招聘领域，众多短视频招聘平台开始上线。利用短视频App，候选人能够做出自己的"视频简历"，利用图像声音展现自己。同时，从企业角度来说，企业招聘部门可以通过短视频展现真实的工作氛围和工作环境，以及丰富多彩的活动，从而达到吸引候选人的目的。

1. 多面App

由猎聘战略投资，主要目标群体为90后年轻群体，致力于让职场精英和企业能够以更直观、更有趣的方式进行沟通和交流。多面主要包括三大功能：

（1）视频简历

候选人的简历已经不再是干枯乏味的白纸黑字，而是变为了声情并茂的媒体，通过视频的方式去展现自己的专业技能、观点态度、工作经历以及兴趣爱好等。同时，多面也会提供多种视频样片，帮助候选人完成视频的拍摄。

（2）视频职位

企业可以通过多面全方位真实地展现工作环境、团队氛围、企业文化等。通过该功能,让候选人更加直观地了解企业内部,能够吸引到契合度更高的候选人。

(3)AI在线面试

在企业和候选人双方之间达成初步的意向之后,多面可以提供在线面试服务。招聘方可以在短时间内勾选所想要提问的问题,候选人能够根据自己的时间安排进行面试,整个过程更为便捷和高效。

2. 抖聘

主要集中于To B业务,利用短视频模式,向候选人展示公司氛围和招聘需求,如果求职者被吸引,便可以进入公司详情页进行了解,并且在线沟通。主要提供的服务分为两类:一类为提供精准推荐服务,根据推荐的候选人数量进行收费;另一类为企业提供增值服务,例如拍摄短视频展现公司文化和价值观等。

3. 颜值招聘

主要定位于基于形象、才艺、声音等相关职位招聘为目标的互联网招聘求职App。该App主要作为平台提供服务,针对发布职位的企业进行收费,求职者完全免费。求职过程中会要求候选人展示自身的气质、形象,从而帮助企业判断是否符合预期。

以上仅为当下短视频招聘的冰山一角,层出不穷的短视频招聘产品正在觉醒。虽然短视频招聘模式很新颖,但是从目前的运用上来说,大部分集中于销售、导购等基础性岗位,并没有涉及白领等中高端职位。从发展趋势来预测,未来短视频招聘应该会从下向上辐射,逐渐走入公众视野。

(二)语音助手

麦当劳与谷歌合作,推出了一项新求职功能"Apply Thru",适用于任何支持Alexa和Google Assistant的设备。用户只需要发出"Alexa/Ok Google,帮我在麦当劳找份工作"的指令,即可启动语音助手,随后语音助手会要求求职者回答一系列常规问题,比如青睐的工作地点和姓名,语音助手会列出一些可能匹配求职者需求的职位。Alexa或Google Assistant要求求职者留下手机号码，随后求职者便会收到她最想去的国家或地区的麦当劳招聘委员会发来的信息。

(三) 社交平台

随着移动互联网的普及，社交平台开始逐渐侵占入人们生活的方方面面，微信、抖音、微博等社交媒体的重要性在生活中不断凸显。在招聘行业，以领英为首的招聘社交平台开始涌现，这些社交平台一方面帮助候选人和雇主之间搭建了沟通和联系的平台，促使招聘效率提升，成本降低；另一方面，也有助于雇主向外界展现自身，提升自身的组织信誉以及组织吸引力。综上，社交平台对企业的作用主要集中于雇主品牌建设和招聘渠道扩展两大方面。在大数据时代下，由于社交平台的背后蕴含着庞大的用户行为数据，通过对数据的整合归纳和分析，对候选人的了解也会更为深刻。下文主要列举了几个实例，来展示当前企业是如何将大数据与社交平台进行整合的。

1. 雇主品牌建设

在这个移动互联网时代，公司的任何失误都会被放大，带来企业名誉下降。社交媒体与传统媒体相比，允许用户交换信息、观点和经验，能够围绕某些特定的主题进行直接或者间接的接触。评论网站能够影响个人对该公司的产品、服务和工作机会的评估，这种影响还会辐射到成千上万的潜在客户和员工的看法。所以，来源于帖子、微博、评论等渠道的信息构成了用户对企业的第一印象，而这第一印象对企业的影响在招贤纳士方面尤为明显。同时，社交媒体不仅能够让广大受众成为评估信息的发送者，也可以是评估的接收者。企业构建一个良好的雇主形象，不仅是从企业自身的维护角度出发，也是从吸引人才的角度出发，从而保证优秀人才愿意接下公司发出的橄榄枝。

雇主品牌对企业的重要性已经显而易见，目前已经有专业的服务机构为企业提供专业的雇主品牌咨询服务。比如HiAll（纽哈斯）作为雇主品牌的先行者，主要依托移动互联网平台，为客户提供有关雇主品牌活动创意策划、新媒体运营等有关雇主品牌建设的解决方案。

2. 招聘渠道扩展

根据极光大数据发布的《2019年社交网络行业研究报告》，截至2019年2月，社交网络行业用户规模9.73亿，总体趋势稳定，社区论坛和内容社交依然在快速增长，其中26～35岁用户占比45.2%。由此可见，每天有大量的青年在社交媒体中发布信息和获取信息，这种信息的获取更为便捷且更有信赖感，大多数求职者都会使用社交媒体来寻找工作。全球人才测评机构SHL调研表示，中国地区利用社交网络发布招聘信息、收集简历的企业占了将近60%。由此可见，随着社交平台内人员的活跃度不断增高以及信息的爆炸式增长，社交平台会对企业人才招聘带来变革和挑战。

那么，大数据和社会媒体如何合作来帮助企业呢？

其一，专业人才搜寻。候选人在社交媒体上会留下各种数字足迹，虽然这些足迹并不是所有候选人都有，但那些在技术、科学、工程、数学等方面较为突出的人才，往往会在GitHub、CSDN、领英、微信公众号、知乎等方面较为活跃，以期为社会群体做出相应的贡献。通过在这些技术人员聚集的平台中利用技术跟踪他们的社交足迹，以对他们的能力进行评估，然后对其社交关系进行挖掘，也会找到同技术方面的专家。最后将这些挖掘出来的数据打包，便可以利用这些候选人的公开社交数据创建独属于他们的人才档案以及相应的能力排名。利用这种大数据的人才搜寻方式往往可以发现传统渠道不太可能找寻到的高级技术人才，将招聘深入人才聚集的社区，与候选人直接建立联系，提升招聘效率与成功率。

其二，获取候选人的社交数据。企业为了满足自身存在的人才需求，已经不单单依赖于主流的招聘平台，通过运用相关的大数据方式来让找寻人才更为高效便捷。例如，德勤的招聘人员会购买LinkedIn的招聘者账号，之后便可以根据职业要求在领英的用户群体之中进行搜索（如图4-1所示）；通过贝叶斯概率模型等算法，可以分析出候选人在社交媒体上的活跃程度，从而分析出其求职意愿（如图4-2所示）。

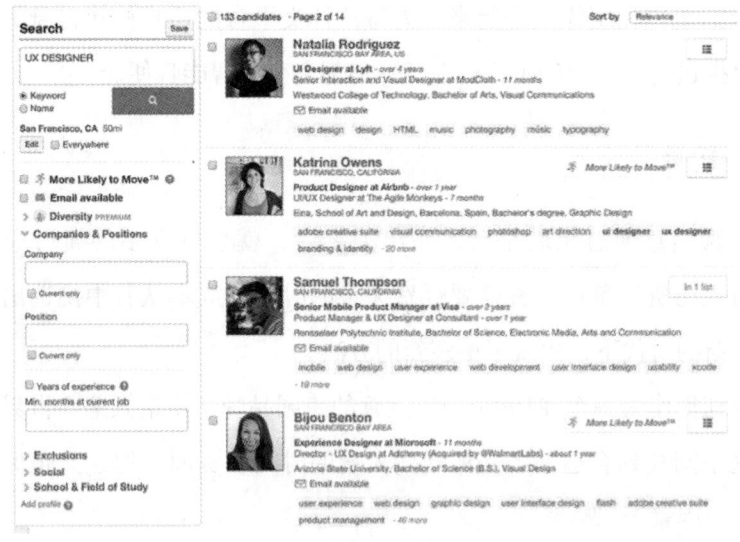

图4-1 特定条件下搜索的候选人（来源：Entelo, Inc.）

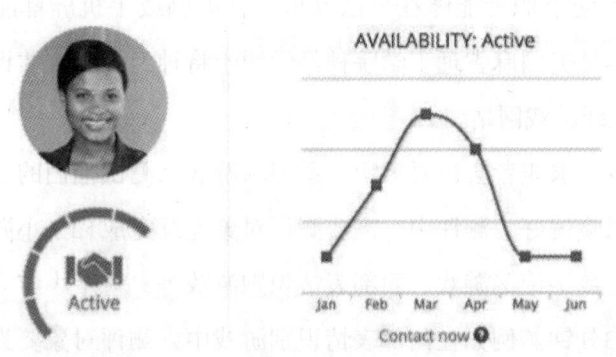

图4-2 求职意愿分析（来源：Gild Inc.）

社交平台不仅扩展了企业的招聘渠道，也增加了企业对候选人的了解程度。身处于当前这个万物互联的时代，我们总会在社交平台上发布有关自己的生活、学习、工作状态，这些状态背后的数据汇总到一起，便会形成候选人自身的个人档案。招聘人员会通过个人档案判断该候选人与岗位的匹配度。如果候选人完全"离线"生活，可能会损害自身的职业生涯。招聘人员会认为那些在网上找不到相关信息的求职者是不合格的，可能隐藏了一段不受欢迎的历史。这就意味着，在这个万物互联的时代，候选人同样也要投入大量的时间来管理自身的社交平台。在未来，通过机器学习系统能够将求职者和特定的工作和组织匹配起来，为每位社交平台的用户构建自身的个人档案并及时推送适合用户的工作机会，一切都会变得智能且便捷。

二、初筛

当招聘信息通过招聘平台发布出去之后，就会有众多的简历进入简历库，此时人力资源部门往往需要耗费大量的时间和成本从其中挑选出合适的人才。但新的时代下，出现了更多新的方法。

联合利华作为一个在190个国家运营的跨国品牌，申请人遍布世界各地。想要在这中间找到合适的人需要耗费大量的时间和资源，但这又是保证企业成功的重要因素。

为了解决这个问题，联合利华与人工智能网站Pymetrics合作，创建了一个在线平台，使求职者能够在自己家里，在电脑或手机屏幕前进行初步评估。Pymetrics是美国麻省理工学院神经学博士将神经学和人才评估相结合开发出的一款在线游戏网站。

第一阶段，求职者会被要求玩一系列的游戏来测试他们的逻辑能力、推理能力以及风险偏好。测评中，需要测评对象连续完成12个小游戏，包括气球充气游戏、数字记忆游戏、面部表情识别游戏等，每个小游戏时间都很短暂，大概1~3分钟。例如在面部表情识别游戏中，测评对象要为每个表情选取标签，标签一般包括开心、平淡、生气、悲伤等，每次选取标签的时间都非常短暂，要求测评对象按第一反应选择，尽量不要过度思考。这项游戏是以心理学为基础，分析测评对象的社会交往能力和情绪智力水平。

当所有游戏都完成之后，系统会生成一个测评对象的性格分析报告，以及各维度的得分报告，根据该项报告，可以看出该测评对象的得分情况与部门平均得分之间的对比情况，从而帮助面试官快速做出决策。

第二阶段是30分钟左右的AI视频面试。该环节购买了在线视频面试公司HireVue的服务。HireVue依靠于自身研发出来的语音识别软件和授权的面试识别软件，对候选人的面试表现进行分析和评价，帮助联合利华挑选出合适的人才。HireVue通过分析当前担任某一职位的绩优员工，收集他们的行为、语调等数据，从而总结出一些特质，再将这些特质进行综合，与候选人进行比对，并结合排名算法，让表现好的候选人脱颖而出，帮助面试官从庞大的人才池中挑出优秀的候选人并推进下一轮面试。

2017年三季度为止，联合利华已经用15种语言为超过25万名候选人进行过面试服务。联合利华的人力资源主管蕾娜·奈尔（Leena Nair）说："自动化筛选系统减少了约7万小时的面试和评估时间。我们寻找的是有使命感的人——有系统的思考能力、适应力、商业头脑。根据这些资料，游戏和视频面试都是为了寻找他们行为中的线索，从而帮助我们了解谁会适合联合利华。"

在初筛过程中，大多数公司为了更为真实地考察候选人的能力和素质，喜欢采用游戏化的测评方式。上文中提及的联合利华就是采用了一系列的小游戏组合方式来进行人才能力的考核。该种游戏化测评方式主要是将素质测评融入游戏，将繁多的素质测评题目转化成为生动有趣的游戏，让候选人能够以更加放松的方式进入，在改善候选人体验感的同时也保证测评结果的信度和效度。除了小游戏组合而成的游戏测评方式，也有一些企业将岗位具体内容与游戏相结合，从而达到人才筛选的目的，具体的测评方式如下：

（一）模拟任务类游戏

模拟任务类主要是以企业真实工作环境为背景，将工作中实际的工作职责和内容与游戏相结合，由测评者扮演管理者的角色，对游戏中的虚拟世界进行管理，完成相应的任务。

万豪国际酒店开发了一款便于在Facebook上传播的游戏程序《My Marriott Hotel》，在游戏中，测评对象会被放置在酒店的虚拟场景中，例如前台、厨房等，并且游戏会发布相应的工作任务和目标，完成游戏任务就可以获得相应的积分，进入下一环节。面试官根据测评对象在某一环节的得分来对候选人进行判断，如果测评对象在某一领域较为出色，游戏中会推荐测评对象从事该领域的工作。

(二)竞赛类游戏

项目竞赛类游戏是指融合比赛元素，以候选人之间进行竞赛的方式获取相应的等级和奖励，但会有一定的规则进行约束，候选人可以通过该类竞赛来证明自己的实力。

Interview Street是一家在线编程挑战网站，主要为知名科技企业招聘优秀程序员。在该网站上，测评对象选择自己要参加的项目，平台会记录下整个编程过程以及候选人的编译修改过程，最后生成分析数据和报告。企业可以通过分析数据和报告了解到候选人的解题思路和实施过程，从而挑选出优秀的人才。同时，对候选人来说也可以不断增加经验，提升自己。挑战赛会不定时发布，候选人可以根据自己的在校生或者已毕业的身份，选择自己想要参加的代码类型进行参赛。

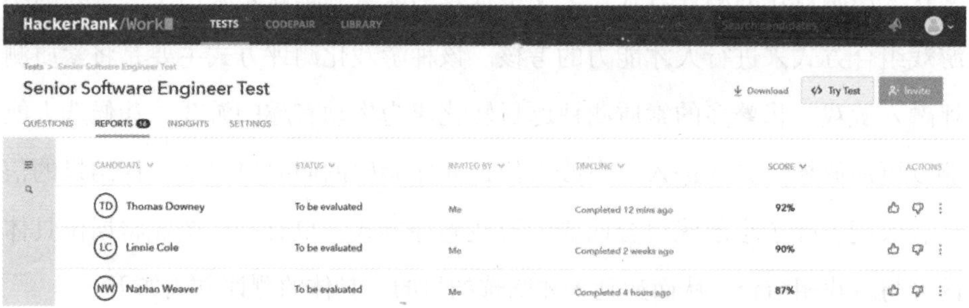

图4-3 Interview Street测试后台界面

(三)动作游戏

动作游戏主要是以"动作"为主要表现形式，具有情节紧张刺激、物体运动迅速的特点。

《American's Army》是美国陆军为招募新兵所研发的第一人称射击游戏，参与游戏的玩家扮演新兵的身份，主要为接受训练和实战两部分。通过训练体验到军队实际的训练内容，同时通过模拟的实战任务，体验瞬息万变的战场环境，完成各项紧张的军队任务。该游戏不仅面向有意参军的对象，也在steam平台向所有游戏玩家开放，所以该游戏一方面起到了宣传军方的作用；另一方面，在游戏过程中对潜在候选人进行挑选和评价，在游戏过程中能够快速适应战场环境，做出准确判断的候选人，在现实中也会更好适应军队生活。

多元化的游戏测评方式能够帮助企业更好地筛选人才，可以对候选人的能力进行全面的判断和分析，避免企业题库曝光以及考试焦虑等问题，从而提高测评的信度和效度。同时，游戏化测评带来的趣味性也能为企业打响招牌，有助于雇主品牌建设。此外，游戏化测评会建立在职位的具体场景中，通过测评的方式向候选人传递企业所看重的方面，从而从初筛阶段便建立起双向选择的桥梁，让候选人更了解具体的工作场景和工作内容，将更为合适的候选人送到企业面前。

三、面试过程

通过初筛阶段可以精简人才，但仍然还需要具体的面试过程来挑选出合适的人才。通常会经历多轮面试官直接沟通，判定应聘者是否满足岗位的要求。我们在上文中已经提及了众多的面试方法，这些方法实际上都是运用言语对候选人进行测试，而面试结果则是依据面试官对候选人表现的综合解读，这当中往往掺杂着来源于面试官的个人主观看法，面试结果很难做到完全的公正客观。

谷歌人力运营部门的高级副总裁拉兹罗·伯克（Zro Burke）在公司内部进行一项研究调查，想要找到公司中擅长招聘的员工。伯克带领的团队观察了成千上万个面试者，观察了所有的面试官，包括如何评估候选人以及面试通过的候选人在工作中的表现等，最后发现除了面试官本身是某专业领域的专家并且只面试该专业领域的候选人才会对面试结果具有高度预测性，其他情况下面试具有很强的随机性。但是，调查发现谷歌的结构化面试比非结构化面试效果好（大约优于35%）。

但是结构化面试也有其缺点，例如开发存在困难，需要保证所有问题与工作本身密切相关；需要不断更新，这样才能避免题目曝光性太强和候选人刻意练习行为。为了尽可能减小结构化面试可能会带来的负影响，谷歌开发出了内部评测工具qDroid（见图4-4），将行为性和情境性的结构化面试与认知能力、责任和领导力的评估结合在一起，从而保证对候选人能否适应工作做出合理判断。

该工具能够帮助候选人筛选所要面试的岗位，检查他们所要测试的品质，然后会通过电子邮件收到一份面试指南，包括面试中能够预测候选人未来表现的面试题目。面试官也可以和面试小组中的其他人分享这份文件，这样每个人都可以从不同角度对应聘者进行评估。

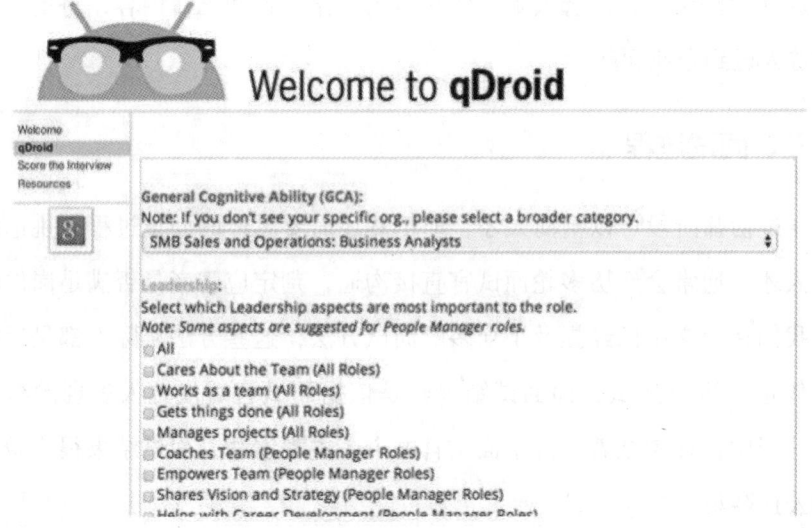

图4-4　qDroid界面

同时，谷歌也在不断更新升级。托德·卡莱尔（Todd Carlisle），谷歌商业团队的HR负责人，对当时的人员团队进行分析发现，有86%的可能性，4个面试官已经足够预测是否要雇用该候选人，每增加1位面试官对面试的成功也只增加1%，这促使谷歌的面试时间从90～180天缩短至47天。

从谷歌的案例来看，正是招聘过程中产生的庞大数据体，使得招聘流程和招聘环节获得了有效的更正和改善。在当下，庞大数据体更是可以进行招聘预测，这种方法往往依赖于行为评价预测模型。

首先，让候选人填写预测模型评估问卷，根据候选人所填写的内容，运行预测模型，得出相应的预测分数。

其次，根据预测分数将候选人从高到低进行排列。

最后，面试官从高分段的候选人中挑选出最佳人选。

在整个面试过程中，既可以根据公司内员工提供的行为数据构建预测模型，保证人才招聘的成功率，也可以通过对招聘数据的分析和归纳，发现招聘过程存在的不合理的地方，从而进行完善。利用数据来辅助支撑决策，帮助企业找到那些有助于推动创新、提升绩效、能够取得成功的员工。

四、招聘有效性评估

当招聘结束之后，企业往往没有关注整个招聘过程中所消耗的人力和时间成本。但招聘过程有效性评估是对企业整体招聘过程进行评价的关键环节，有些企业也开展了对招聘过程的评估，但往往建立在粗略的数据基础之上，并不完全。下面将罗列主要招聘指标，帮助企业了解该如何对招聘过程进行衡量。

招聘指标是用于跟踪招聘成功和优化组织招聘过程的测量指标。如果使用得当，这些指标有助于评估招聘过程，以及公司是否聘用了合适的人。通过对招聘指标的文献回顾以及信息收集，人力分析背景下可分析的数据指标主要有以下几个。

(一)填补空缺的时间(time to fill)

这指的是找到并雇用一位新候选人所花费的时间，通常以公布职位空缺到雇用该候选人之间的天数来衡量。填补空缺的时间受到特定工作的供求比率影响。

当制订商业计划时，该指标能够帮助管理者评估吸引一个离职员工的替代者所需要耗费的时间成本。

(二)招聘时间(time to hire)

Time to hire表示从接触候选人到候选人接受工作之间的天数。换句话说，它衡量的是应聘者走完招聘流程所花费的时间。因此，招聘时间为招聘团队的表现提供了一个可靠的指标。这个指标也被称为"接受时间"。

(三）跟踪雇用员工的渠道 (source of hire)

跟踪雇用员工的渠道是最流行的招聘指标之一。这个指标还有助于实时把握不同招聘渠道的有效性，例如工作板块、公司的职业页面、社交媒体和招聘网站。

（四）第一年减员 (first-year attrition)

第一年减员代表了招聘是否成功。在第一年选择离职的求职者往往不能充分发挥自己的工作能力，而且往往要耗费企业很多成本。这种减员分为两种，一种是雇主辞退员工，这主要是员工实际能力不符合企业的要求；另一种是员工主动离职，但在这种情况下，一般可能是工作描述与实际工作不匹配，或者是招聘人员过度夸大对工作或者公司的描述。这个指标也可以作为候选人保留率。

（五）招聘质量 (quality of hire)

通常指候选人第一年表现的指标，绩效获得高分数的候选人代表招聘成功，绩效获得低分数的代表招聘不合格。当与候选人的招聘渠道相结合时，可以衡量招聘渠道的质量。成功率等于获得高分数候选人的人数与总招聘人数之比。

（六）招聘经理满意度 (hiring manager satisfaction)

与招聘质量相一致，招聘经理满意度是衡量招聘成功与否的另一个指标。当招聘经理对他团队中的新候选人感到满意时，候选人很可能会表现得很好，也很适合这个团队。换句话说，候选人更有可能成为一个成功的雇员。

（七）候选人工作满意度 (candidate job satisfaction)

求职者的工作满意度是跟踪招聘过程中设定的期望是否与现实相符的一个很好的方法。求职者的工作满意度较低，这表明他们对工作的期望管理不当，或者工作描述不完整。一个较低的分数可以通过提供一个现实的工作预览来更好地管理。这有助于向潜在的候选人展示工作积极和消极的方面，从而创建一个更现实的工作期望。

（八）开放岗位的申请人数量（applicants per opening）

这个指标一定程度上代表了岗位的受欢迎程度，但也有可能是工作描述过于宽泛或者特定领域内的高需求所导致的。申请人的数量并不代表合适候选人的数量，通过缩小职位描述，包括一些"硬性"标准，可以在不减少合适候选人的情况下减少申请人的数量，降低工作量。

（九）选拔比例（selection ratio）

选拔比率是指录用的候选人数量与候选人总数的比例。当有大量的候选人时，比率接近于0，因为所要招聘的人数是一定的。选拔比率提供了诸如不同评估和招聘工具的价值等信息，可用于估计给定的选择和招聘系统的效用。

（十）每个候选人招聘成本（cost per hire）

每个候选人招聘成本是投资在招聘上的总成本除以招聘人数。招聘成本由多部分组成，具体分为内部成本和外部成本。通过量化它们，你可以计算出总的招聘成本，例如广告费用、代理费用、新员工培训费用等外部成本，招聘经理花费的小时数、直线经理花费的小时数、新员工适应新工作的时间等内部成本。

（十一）候选人的经验（candidate experience）

候选人的经验往往是被录用的关键因素，主要指候选人拥有专业技能的高低以及工作年限带来的积累。一般是运用候选人经验调查的方式确定其需要提升的关键部分。

（十二）录用接受率（offer acceptance rate）

录用接受率是成功接受offer的人数与发放offer的人数之比。当某些职能部门经常出现录用接受率偏低的问题时，可以在招聘过程的早期讨论薪酬，以尽量减少被拒的影响。

（十三）空缺岗位比例（% of open positions）

空缺职位占职位总数的百分比可以应用于特定的部门甚至整个组织。较高的百分比可能意味着高需求（例如由于快速增长）或低劳动力市场供应。

(十四）申请完成率（Application completion rate）

许多大公司要求求职者在申请工作前必须在系统中手动输入他们的全部简历。在此过程中退出表示此过程中存在问题，例如web浏览器与应用程序系统不兼容，或者界面不友好。

(十五）招聘过程漏斗有效性（Recruitment funnel effectiveness）

招聘是一个从寻找候选人源开始，以签订合同为结束的漏斗。通过测量漏斗中所有不同步骤的有效性，可以指定每个步骤的收益率。这可以帮助招聘过程不断完善。

(十六）搜寻渠道有效性（Sourcing channel effectiveness）

通过比较申请某职位的百分比和浏览该职位信息的百分比，可以快速判断不同渠道的有效性。可以使用谷歌分析[①]来跟踪在官网上看到职位空缺的人实际来自哪里。

(十七）搜寻渠道成本（Sourcing channel cost）

通过该渠道的成本效用率以及通过该渠道成功申请的人数相比，衡量渠道的收益率。

(十八）达到最优生产力水平的成本（Cost of getting to OPL）

主要是指员工在达到100%的最优生产力之前的入职成本、培训成本以及工资成本等。

(十九）达到最优生产力的时间（Time to getting to OPL）

主要是指员工从第一天入职到完全达到100%最优生产力之间所花费的时间。

以上为招聘过程中所涉及的招聘指标，能在数据中发现招聘过程中存在的问题，及时止损，避免招聘过程中花费高额成本却难以获得相应的收益回报。这些指标的作用是为招聘负责人提供数据分析的新角度和方向，帮助招

[①] 谷歌分析（Google Analytics，GA）是谷歌推出的网站流量分析工具，可用来分析网站或App数据状况，GA基本版完全免费，基本能够满足中小网站的需求。通过GA，可以了解使用者是通过何种方式进入网站的，同时进入之后，GA能够观察使用者进入网站之后的行为流程，或者设定一些页面上的追踪，从而对网站浏览用户进一步分析。

聘负责人及时了解到自身招聘过程中存在的问题，并及时采取相应的措施予以改善，促使招聘流程更加符合企业发展的要求，更具有经济价值，促使企业的人才储备更具备前瞻性。

五、大数据下招聘存在的盲区

当我们提及招聘的新方法时，我们却发现雇主往往总是沉迷于新技术和降低成本，很大程度上忽略了招聘的最终目的：尽可能招聘到最好的员工。一些数据科学家进入了招聘领域，为招聘活动带来了新方法，但是他们本身对招聘的实际工作并没有足够了解。上文所提及的游戏化测评、AI面试等"高级"的评估方法，很少有公司针对这种招聘方法的实际效用进行评估验证（李育辉等, 2019）。

除此之外，目前在国外已经有相应的机构提供培训，教导潜在的候选人如何应对基于虚拟现实的潜力评估测试，这种教导不仅可以应付技能测试，同时也可以应付AI视频面试。这种培训机构会导致初期难以有效地选拔潜在候选人，造成招聘效率降低。目前国内还没有大范围运用AI视频面试，但也需要对新兴的技术方法保持慎重，避免盲目跟风，反而忘记了招聘的最终目标——找寻最合适的人才。

另外，构建机器学习模型来预测潜在候选人的工作业绩时，也可能会导致性别歧视等问题存在。亚马逊从2014年一直研究的招聘算法给女性以及女性相关的属性打的分数都较低，例如参与女性研究项目等，主要原因在于从过往经验来看，该公司表现得最好的往往都是男性，所以这个算法是在找与他们相同的人。由于无法解决这个问题，2017年亚马逊停止使用该算法。但是机器学习模型确实有潜力找到那些重要但以前没有考虑过的关系，能够产生较高的预测性。所以在运用机器学习进行预测的时候，要密切关注所分解出来的关键要素，要求模型构建者为关键要素的提取提供证据，从而确保每项关键要素能够切实预测出好员工。

综上，新的技术方法虽然让人眼花缭乱，但作为HR领域的专业人才，在吸收新知识和技术方法的同时，也要避免新技术带来的一些风险和问题。如果并没有完全准备好，切勿操之过急。基于招聘的理论、方法和实践，将新的技术方法和传统方法进行结合，以为组织选拔最合适的人员。

第三节　招聘数据指标汇总

前文已经提及，整个招聘活动最后一步也是最为重要的一步就是对招聘的有效性进行评估。本模块将可量化的指标进行归纳汇总，希望能为企业的人力分析进程提供借鉴，具体的指标如表4-1所示。

表4-1　招聘数据指标

指标类别	指标名称	计算方法	作用
招聘结果评估	招聘完成度	=聘用人数/计划招聘人数×100%	大于或等于1，说明超额或完成了招聘计划
	空缺职位填补时间	=职位空缺弥补日期−空缺发布日期	时间越短，证明效率越高
	录用比	=拟录用人数/计划招聘人数×100%	该值越大越好，越小代表吸引到了更多的候选人但素质不佳
	应聘比	=应聘人数/计划招聘人数×100%	该值越大，证明信息发布渠道可取，效果良好
	录用成功比	=成功入职人数/发放offer人数×100%	该值越大，说明组织为招聘付出的成本，得到了较为理想的回报。该值越低，说明招聘成功率低，资源被浪费
	聘用合格比	=（录取人员胜任工作人数/实际录用人数−原有人员胜任工作人数/原有总人数）	该值反映了当前的招聘有效性是否高于原本的招聘有效性，可以用于检验招聘的有效性是否有所提升
招聘成本评估	招聘成本控制	=实际招聘成本/招聘成本预算	该值越大，证明企业成本管理仍需加强
	人均录用成本	=招聘总成本/录用人数	该值代表每位员工的招聘成本，可以与过往数据进行比较

续表

指标类别	指标名称	计算方法	作用
招聘成本评估	招聘成本效用	=应聘人数/招募期间的费用	招募期间的费用可能包括信息发布渠道产生的费用、人工费等，该值代表了每一笔费用所能带来的应聘人数
	甄选成本效用	=被选中人数/选拔期间的费用	选拔期间的费用包括人工成本和管理成本等，该值代表了甄选环节中每笔费用的利用效率，即每笔费用能够带来的被选中人数
	聘用成本效用	=拟录取人数/录取时间段的费用	该值代表了录用这一环节的成本花费
招聘渠道质量	申请完成率	=申请完成人数/申请人数	反映申请渠道是否用户友好
	渠道成本	=招聘渠道成本/成功入职人数	代表该渠道的成本效用，便于各渠道进行对比
	渠道有效性	=利用该渠道申请人数/利用该渠道浏览人数	代表渠道被潜在候选人认可的程度
	渠道申请人数	记录公司网站、招聘网站、社交平台等申请人数	横向对比各渠道的申请人数，对渠道的选择进行衡量
新员工质量	第一年离职率	=第一年离职新员工人数/新员工总人数	该值越大，代表所招来的人不满足需求的比重加大，招聘中资源得到浪费
	新员工招聘质量	=新员工高绩效人数/新员工总人数	数值越大，代表招聘活动越成功
	直接上级满意度	可以通过问卷调查收集数据	代表新招募的员工是否符合需要
	员工达到最佳生产水平成本	代表员工在达到100%生产水平前损耗的培训成本、人力成本等	该值代表了员工适应新工作前所损耗的成本
测评质量	测评工具接受度	=测评作答人数/测评发放人数	该值代表测评工具被候选人接纳的程度
	测评工具有效性	=测评结果与录用结果一致人数/参与测评总人数	该值越大，代表测评工具具有良好的效度，能够一定程度上预测招聘结果
	测评工具效益	=（未用测评工具时通过初筛人数/该阶段内花费成本）－（运用测评工具时通过初筛阶段人数/测评工具成本）	该值用来衡量测评工具是否为企业省了招聘成本，该数据可长期跟踪，因为有些测评技术会在长时间会带来更高的收益。
	测评工具满意度	可使用问卷调查法，对面试官和应聘者收集相关数据	用来衡量面试官和应聘者对测评工具满意程度。

以上便是本章的全部内容，希望最后的数据指标汇总能够为读者带来人力分析方面的启发，形成数据思维，用数据推动人力资源管理更加科学化和系统化。大数据带来的不仅是招聘效用上的提升，同时也会使招聘活动更为公正，去规避招聘活动中可能产生的任人唯亲问题，为更多真正有能力的人才提供机会，提供更为广阔的发展空间。新技术对招聘活动的革新不仅在于效率的提升、科学性的增加，更是为所有人提供一个公平的机会、一个更加公正的开始，让德才兼备的人获得施展的舞台，让有才之人获得崭露头角的机会，让招聘工作更加聚焦于能力与匹配度，这或许才是新技术为我们带来的一次思维的革新。

参考文献

［1］安哲锋.国内外网络招聘研究进展综述［J］.上海商学院学报，2010(1)：81-84.

［2］常慧宁，徐辰雪.社交网站——人才招聘的新渠道［J］.全国商情：经济理论研究，2011(5)：33-34.

［3］陈英和，赵笑梅.智力测验的演变和展望［J］.北京师范大学学报(社会科学版)，2007(3)：35-40.

［4］戴晓阳.韦氏智力量表的因素分析研究［J］.国外医学：精神病学分册，1988(2)：12-19.

［5］郝丽，暴丽艳.Web2.0时代组织社会化招聘方式的实践与思考［J］.中国人力资源开发，2013(1)：58-62.

［6］李育辉，唐子玉，金盼婷，等.淘汰还是进阶？大数据背景下传统人才测评技术的突破之道［J］.中国人力资源开发，2019，36(8)：6-17.

［7］李志，谢思捷，赵小迪.游戏化测评技术在人才选拔中的应用［J］.改革，2019，302(4)：150-160.

［8］梁建春，李志，吴绍琪，等.人才测评的内容、方法及存在的问题［J］.

重庆大学学报(社会科学版), 2002, 8(4).

[9] 廖泉文. 人力资源的获取——兼析竞聘上岗的原理与规程[J]. 中国人力资源开发, 2002(1): 11-13.

[10] 潘持春, 盛宇华. 面试测评的有效性研究述评[J]. 现代管理科学, 2009 (5): 114-115.

[11] 唐镰, 史珍珍. 企业招聘效果评估研究[J]. 中国人力资源开发, 2011(3): 10-14.

[12] 王迎冬. 大数据视角下的人员素质测评初探[J]. 人才资源开发, 2019, 389(2): 35-36.

[13] 夏瑛. 心理测试在招聘中的应用[J]. 中国人力资源开发, 2004(3): 39-41.

[14] 严举. 浅谈中小企业员工招聘的新渠道[J]. 现代经济信息, 2014(11): 95.

[15] 阳彩频. 公开招聘笔试质量研究[J]. 吉林农业科技学院学报, 2019, 28(4): 57-60, 119-120.

[16] 杨东涛, 朱武生. 人才测评在人力资源管理中的运用研究[J]. 南京社会科学, 2003 (5): 56-61.

[17] 彭剑锋. 人力资源管理概论[M]. 3版. 上海:复旦大学出版社, 2018.

[18] 于惊涛, 陈力, 方素珍. 人才测评研究进展[J]. 中国卫生事业管理, 2000(8): 46-48.

[19] 张慧莹. 谈新时期企业招聘渠道[J]. 内蒙古科技与经济, 2004(3): 22-24.

[20] 张澜. 认知过程的评估——智力的重构和测量——智力的pass理论的简评及思考[J]. 辽宁师范大学学报(社会科学版), 2003(1): 50-52.

[21] 赵清斌, 纪汉霖, 刘东波. 我国网络招聘产业:发展现状、趋势与策略[J]. 商业研究, 2012(9): 49-55.

[22] 朱剑峰. 人才招聘方式创新的探讨[J]. 东方企业文化, 2010(8): 71.

[23] CAPELLI P. Making the most of on-line recruiting [J]. Harvard Business Review, 2001, 79(3): 139-146.

[24] CARPENTIER M, VAN HOY G, STOCKMAN S, et al. Recruiting nurses through social media: effects on employer brand and attractiveness [J]. Journal of Advanced Nursing, 2017, 11(73): 2696-2708.

[25] 艾森,哈里奥特.人力资源管理大数据:改变你吸引、猎取、培养和留住人才的方式[M].胡明,邱黎源,徐建军,译.北京:机械工业出版社,2017.

[26] 博客.重新定义团队:谷歌如何工作[M].宋伟,译.北京:中信出版社,2015.

[27] ETTR M, RAVASI D, COLLEONT E. Social media and the formation of organizational reputation [J]. Academy of Management Review, 2019, 44(1): 28-52.

[28] STERNBERG R J, KAUFMAN J C. Human abilities [J]. Annual Review of Psychology, 1998, (49): 479-502.

[29] 短视频招聘平台"多面"正式上线,年轻人求职新选择[EB/OL].[2020-01-06]. http://www.enet.com.cn/article/2019/1113/A201911131039195.html.

[30] 定位短视频招聘,"抖聘"获数百万美元A+轮战略投资[EB/OL].[2020-01-06] https://36kr.com/p/5245806.

[31] Your approach to hiring is all wrong [EB/OL].[2020-01-06].https://hbr.org/2019/05/recruiting.

[32] Alexa,帮我在麦当劳找份工作[EB/OL].[2020-01-06].https://new.qq.com/omn/20191107/20191107A0A3DL00.html.

[33] The amazing ways how unilever uses artificial intelligence to recruit & train thousands of employees [EB/OL].[2020-01-06].https://www.forbes.com/sites/bernardmarr/2018/12/14/the-amazing-ways-how-unilever-

uses-artificial-intelligence-to-recruit-train-thousands-of-employees/.

［34］2019年社交网络行业研究报告［EB/OL］.［2020-01-06］.https://www.jiguang.cn/reports/381.

［35］雇主品牌先行者HiAll（纽哈斯）新三板成功挂牌［EB/OL］.［2020-01-06］.https://www.prnasia.com/story/136989-1.shtml.

［36］"颜值招聘"为90后提供短视频简历制作获600万天使投资丨创客猫专访［EB/OL］.［2020-01-06］.https://www.sohu.com/a/198694483_470090.

［37］How keeping a human element in your hiring process sets you up for success［EB/OL］.［2020-01-06］.https://www.entrepreneur.com/article/283847.

［38］7个精彩的员工内推计划示例［EB/OL］.［2020-01-06］. https://www.hrtechchina.com/22993.html.

第五章

数据驱动的培训与开发

第一节 培训开发理论与方法

一、培训与开发的概念

培训与开发是指组织为了使员工获得或改进与工作有关的知识、技能、动机、态度和行为，所做的有计划的、系统性的各种努力，通过这些努力可以有效地提高员工的工作绩效并帮助员工对组织的战略目标做出贡献。

在企业实践中，常将培训与开发混为一谈，但实际上培训与开发是两个相互区别的概念。培训是指企业向员工提供工作所必需的知识与技能的过程；而开发是依据员工需求与组织发展要求，对员工的潜能进行开发和对其职业发展进行系统设计与规划的过程。总体而言，两者在目的、对员工要求和方法等方面都存在差异，培训关注目前的工作，强调当前工作绩效的改进，且强制员工参与，属于外在的学习训练方式；而开发聚焦于未来的工作，强调对员工内在潜能的开发，是员工自愿参与的过程。

企业进行有效的培训与开发应关注战略，应基于组织发展战略确定人力资源管理战略，继而进一步确定培训开发策略，在此基础上再进行具体的培训与开发活动，通常包括培训需求分析、培训计划制订、培训组织实施与管理、培训效果评估与反馈四大环节，而最终的培训效果评估结果将会为新一轮的培训开发策略的制定和活动的实施提供反馈，促进新一轮培训开发质量的提升，从而形成一个完整的闭环。

培训与开发活动对于企业和员工双方都具有重要意义。对员工而言，参与培训与开发活动有助于学习知识，增长技能，提高工作效率和工作质量，还能帮助员工制定合适的职业发展规划，使员工获得较高的收入和更大的职业竞争力。对企业而言，培训与开发活动有助于稳定和优化员工队伍，塑造良好的企业文化，提升企业竞争力，从而适应企业战略目标的挑战与转变。

二、学习理论

在培训开发实践中，科学学习理论对于组织的培训开发工作具有不可替代的指导作用，能够有效提高培训学习成效。本节将对培训开发中的基本学习理论进行介绍。

（一）强化理论

强化理论是美国心理学家斯金纳提出的。斯金纳认为：人或动物为了达到某种目的，会采取一定的行为作用于环境。当这种行为的后果对他有利时，这种行为会重复出现，否则这种行为就减弱或消失。行为学家在此基础上研究行为矫正的具体方法和措施，提出了正强化、负强化和惩罚等手段。从培训角度看，强化理论启发管理者要对受训者进行及时反馈，根据强化对象的不同采用不同的强化措施，在强化手段上应以正强化为主，通过称赞和鼓励等方式促进培训成果的转化，巩固培训开发成果。

（二）目标设置理论

目标设置理论是美国著名学者洛克于1968年提出的，该理论认为目标本身具有激励作用，人的行为方式由其潜意识的目标和目的决定，同时指出目标设置要考虑目标难度、目标的具体性以及目标的可接受性三个方面。目标设置理论启发管理者在培训开发中帮助受训者制定富有挑战性的目标，根据受训者的特定目标进行培训课程设计，并通过适时的反馈推动受训者学习目标的完成。

(三)社会学习理论

社会学习理论认为，人们通过观察他们认为值得信赖的且知识渊博的人的行为而进行学习，同时该理论接受强化的观点，认为被强化的行为会再次发生，人们会不断向被奖励过的行为或技能的示范者学习。此外，社会学习理论还认为学习受个人自我效能的影响，因此社会学习理论包含模仿学习理论与自我效能理论两个理论。运用在培训上，模仿学习理论是行为示范培训的理论基础，受训者通过观摩示范行为进行学习，企业应给受训者提供重复示范者所演示的技能或行为的机会；自我效能理论启发管理者在培训项目的设计上要将受训者的自我效能感考虑在内，其在很大程度上会影响培训成果的大小。

(四)认知主体学习理论

认知主体学习理论强调认知主体内部心理过程的重要性，并把学习者看作信息加工主体。在培训开发活动中，认知主体学习理论启发管理者重视人在学习活动中的主体价值，除了关注受训者的行为改变之外，还应该关注受训者个体的认知结构和思维方式等内部心理过程，充分肯定学习者的自觉能动性。

(五)成人学习理论

教育心理学家马尔科姆·诺尔斯基于成人学习的特点，开发并提出了成人学习理论。成人学习具有知识需求、自我指导、基础或经验、意愿或准备、学习导向和动机等特点，这也是成人学习理论的假设条件。此外，美国管理学家戈特在其著作《The First Time Trainer》中总结了16条成人学习原理，对培训的实施具有重要的指导意义。成人学习理论启发管理者关注成人学习的特点，在培训实践中注重运用学习原理，因材施教，激发学习者兴趣和动机，提高培训效率和培训质量。

(六)期望理论

期望理论是1964年由美国心理学家佛隆首先提出的，该理论认为一个人的行为基于三个因素：行为预期（期望）、实现手段和效价。预期与自我效能有些类似,是指认为能付出的努力与实际的执行结果之间的关系;实现手段体现出执行特定行为与特定成果或奖赏之间的关系;效价是一个人对一种成果价值的评价。期望理论启示受训者要对完成培训项目内容有信心,同时组织要让受训者明确:通过培训开发能够获得更高的工作绩效、加薪以及同事的认可,这样才能促进受训者学习行为的发生。

(七) 体验式学习理论

美国组织行为学教授戴维·库伯于20世纪80年代初提出体验式学习理论,并构建了一个体验式学习模型——体验学习圈。他认为有效的学习应从体验开始,进而发表看法,然后进行反思,再总结形成理论,最后将理论应用于实践。体验式学习理论为体验式培训提供了理论基础,启发企业可通过户外拓展训练、行动学习、沙盘模拟和教练等方式对员工进行培训,有助于学习者充分发挥其潜能、掌握知识技能、培养团队精神和促进个人的全面发展。

三、传统培训方法

传统的培训方法多种多样,有各自不同的特点。在实际工作中,企业应依据其培训目的、培训对象和培训内容的不同,选择适当的培训方法。本节将简要介绍九种常用的培训方法。

(一) 讲授法

讲授法是以教师以口头讲解的形式向受训者传授知识的方法。它是最基本的培训方法,适用于学科知识、前沿理论的系统学习。这种方法可在较短时间内将大量事实性信息有效传递给受训者,培训效率高;若配合视觉资料,能较为有效地提高受训者对理论、概念、程序和其他陈述性资料的理解。但讲授法也有很明显的缺点:沟通具有单向性;容易导致理论与实践相脱节;对改变态度和行为作用有限;传授方式较为枯燥单一等。

(二) 案例分析

案例分析法是指为受训者提供一个真实或虚构的案例,通过独立研究或相互讨论的方式,来培养受训者分析问题和解决问题能力的一种培训方法。这些案例可以是名人案例,也可以是自身案例;可以是名企案例,也可以是本单位案例。案例分析法能够激发受训者的学习积极性,使其主动参与到培训中,有利于提高受训者的观察能力、分析能力、沟通能力和整合信息的能力,此外还能促进学员间的交流。但案例分析法也有不足之处:案例常常不如现实情境复杂,学习效果有限;会导致群体思维;受训者互动质量不高等。

(三)商业游戏

商业游戏仿照商业的竞争规则进行,要求受训者在游戏中收集信息并进行分析和决策,目的是开发或锻炼受训者解决问题、形成决策的技能。该方法多采用团队方式进行,适用于商业管理决策等类型的培训课程中。商业游戏具有趣味性和竞争性,能够激发学习者的兴趣和主动性,提高学习者解决问题的能力,同时也有利于促进团队的沟通交流。但商业游戏常缺乏真实性,突出量化性,人际因素强调得不够。

(四)角色扮演

角色扮演是一种让受训者在特定的场景或情境下扮演分派给他们的角色,模拟处理工作事务的培训方法。角色扮演的关键在于排除参与者的心理障碍,其学习效果取决于参与者角色的融入程度。这种方法能使学员间进行充分的互动沟通,在提高学员业务能力的同时,也训练了其反应能力和心理素质。但由于模拟环境的固定性和受训者性格与态度的差异,培训效果也会受到影响。

(五)行为示范法

行为示范法是指让学员通过观摩行为标准样例或录像和幻灯片等方式,进行学习并实际操练的一种培训方法,该方法广泛应用于人际交往培训、服务能力培训和管理技能培训中。这种培训方法能够使受训者的行为符合其职业和岗位的行为要求,并能提高学员处理工作环境中人际关系的能力。

(六) 拓展训练

拓展训练是指通过模拟探险活动进行的情景式训练，以外化型体能训练为主，注重利用有组织的户外活动来开发团队协作和领导技能。常见的拓展训练包括绳索课程、攀岩、救生筏和野外搜索等。这种培训方法创造条件使得员工能超越理性解决问题，更富有创造性；同时能够促进团队成员间的合作，激励团队成员培养洞察力及实施新行为，提高团队在工作环境中的表现。

(七) 头脑风暴法

头脑风暴法又称研讨会法，其特点是参训者在培训活动中相互启发思想，激发创造性思维，其关键在于排除参与者的思维障碍，消除心理压力，使其能够各抒己见。头脑风暴法具有较强的参与性，能够最大限度地发挥参与者的创造力，激发集体智慧，有助于企业和个人解决实际问题和困难，进而提高了培训收益。但该方法对培训者的要求较高，讨论主题挑选的难度较大。

(八) 行动学习

行动学习法又称"干中学"，就是在行动过程中进行学习，通过让受训者参与一些实际工作项目或解决一些实际问题，来发展员工的能力。与传统学习法相比，行动学习法具有灵活性、独立性、实践性等特点，学员自行决定学习内容、地点、速度、次序等，采用小组学习的方式和解决问题的形式。通过行动学习，员工的潜能在行动中最大限度地发挥出来，有助于创造性地研究解决组织实际存在的问题，促进小组成员的学习发展及整个组织的进步。

(九) 学徒制

师带徒是一种最传统的工作学习培训方法，强调徒弟在师傅的指导下习得知识或技能，是一种高度情境性的学习方式。现代的学校导师制和企业导师制也是传统师带徒的现代化演绎版本。对企业而言，这种方法不仅是一种培训方法，也是一种人才开发机制，能够为企业培养出符合自身发展要求的人才，为组织的后续发展提供人才保障，但其存在成本高，适用范围有限，管理者需付出时间成本等缺点。

第二节　数据驱动的培训与开发新方式

传统的课堂学习以"教"为中心，教学时间、地点和内容相对固定，培训形式和评估方式较为单一，强调知识积累和给出准确的答案。然而，在不确定性增强的外部商业环境下，员工对新环境的快速适应能力和对新问题的解决能力成为企业培训关注的重点。通信技术、人工智能技术、数据挖掘技术、云计算等新技术的兴起，为传统企业培训的转型提供了技术基础，一大批数据驱动的新兴培训开发新方式走上企业舞台，在实践中得到良好的应用与发展。

一、在线培训

（一）在线培训与在线学习平台

在线培训是一种借助于网络技术在网上进行培训活动，从而更好地完成培训计划、实现培训目标的新兴培训方式，具有灵活高效、方便快捷、节约成本等优势。随着互联网信息技术的快速发展，各类在线学习平台应运而生。在线学习平台是一种基于网络技术的发展而兴起的在互联网上进行教学活动和教学互动的教育学习平台，学员通过网络在线上进行培训与学习。在线学习平台具有多样性，主要包括课程在线学习平台、实时互动教育平台、录播点播平台等多种形式。相对于传统的学校或培训机构的课堂教学，在线学习平台依托互联网技术为学习者提供海量的在线学习资源，通过线上视频教学、音频教学、文本教学、游戏化辅导、试题练习、考题测试、留言互动等方式对学习者进行培训，形式多样，能够满足多样化的学习需求。

(二)基于在线学习平台进行线上培训的优势

在线学习平台的建立和运用是各企业和机构进行在线培训的基础条件，其富有特色的学习功能、丰富的课程资源、灵活的培训安排和实用的培训内容都具有不可比拟的优势。企业基于在线学习平台进行线上培训具有以下几方面优势。

1. 虚拟教室线上教学，突破培训的空间限制

在线学习平台通过构建网络虚拟教室进行线上教学，用视频、音频、图像、表格等形式教授学习内容，不局限于传统的物理空间。

2. 碎片化时间学习，突破培训的时间限制

企业在学习平台上上传培训相关学习资源，员工利用碎片化的时间进行学习，灵活机动，有助于提高培训效率。

3. 强调个体的自主学习，培养员工的学习自主性

在线学习平台上拥有大量丰富实用的学习资源，员工可根据自身需求参与相关培训课程，没有时间空间的强制约束和现场的监督，员工学习自主性的激发便成为实施培训的必要前提。

4. 线上培训数据易于收集，便于培训与开发管理

员工通过在线学习平台进行培训，平台上会记录下员工的学习行为、学习效率、学习成绩等大量数据。对数据进行分析，能够为后续培训计划的制订和实施提供依据，提高培训管理的效率和质量。

(三)在线培训的研究与实践

在学术领域，关于在线培训的研究多集中于在线学习系统的研究，包括在线学习平台的开发与应用、系统功能模块的实现、在线学习行为或状态分析以及系统数据可视化等方面。同时，由于在线培训能够积累大量的学习行为、学习状态、学习结果数据，数据挖掘技术被引入相关研究中，从而涌现出大量的研究成果。柴艳妹、雷陈芳（2018）按照数据挖掘技术所能解决的问题将当前在线学习平台的研究总结归纳为五类，分别是发现学习规律、分析学习特征及习惯、评估学习现状、预测学习效果和个性化学习服务。

1. 发现学习规律

学习者的学习和认知规律是有迹可循的，可以利用数据挖掘技术分析大量数据来实现。主要包括影响学习的因素研究和学习行为模式研究两类，这两类研究均是当前研究的热点话题。

2. 分析学习特征及习惯

在学习特征研究中，认知方式和学习风格两方面的特征受到研究者更多的关注。关于学习习惯的研究，如浏览学习资料的习惯已有研究者进行探究。了解和分析员工的学习特征和习惯，有助于优化课程内容，改进课程安排，提高培训质量。

3. 评估学习现状

研究者使用数据挖掘技术来评估学员的学习现状，如评估学员对知识的掌握情况、行为改变程度和绩效改进情况，检测不良行为和心态等。

4. 预测学习效果

通过对在线日志数据、已修课程的历史数据等进行分析，从而建立模型或预测最终的学习成绩。此外，研究者还通过分析数据预测学习者未来的行为，以及探究提高预测准确性的方法。

5. 个性化学习服务

研究者们利用Apriori算法、BP神经网络方法、K-means算法聚类等方式实现学习平台的个性化学习服务，包括提供选课建议、实现个性化学习材料推荐、课程推荐等服务。

在企业实践方面，各大企业都构建了自己的内部学习平台。百度的度学堂是百度内部用于培训和学习的平台，通过移动客户端和PC客户端，员工可以自主进行在线学习、参加考试、观看讲座、上传自制视频、互动交流等活动。中国平安基于其数据库、标签库、要素配置库、模板库和知识库中的海量数据，构建了智慧人事一体化平台，以智能陪练和直播互动功能推动智慧培训的实现。

目前市场上的企业培训平台五花八门，主要包括内训宝、问鼎云学习、魔学院、EduSoho企培系统、培训宝、多学培训平台等在线学习平台，为全国的各大中小企业提供培训服务系统和培训解决方案。这些专业培训平台服务商的存在，一定程度上推动了中国企业进行系统化线上培训的进程。

二、个性化培训

（一）个性化培训与智能辅导系统

个性化培训是指考虑到学员知识结构、个性特征、行为特质、发展意向等个体差异，以确定学员个性化的培训需求，为员工量身定制个性化培训方案的一种培训方式。信息化背景下的个性化培训强调数据资源的丰富性和技术应用的多样化，关注技术和工具的重要作用，其中智能辅导系统便是企业进行个性化培训的有效工具。

智能辅导系统（ITS）是一种基于人工智能的技术和算法，为学习者提供即时的、个性化的教学服务与教学反馈的智能化学习系统（祝士明等，2019），设计目标是为学习者提供高质量的培训服务。与传统的课堂教学和网络学习系统相比，智能辅导系统基于大量的学员数据和课程数据，运用语义分析、人脸识别、推荐算法、在线学习行为分析等技术，记录分析员工的情感、能力、行为等数据，使得企业的培训开发活动呈现更加智能化、个性化的特点，具体表现在培训需求匹配智能化、培训内容学习个性化、培训数据运用智能化三大方面。

智能辅导系统的引入，在企业内部构建了一个智能的虚拟培训环境，系统通过记录、挖掘、分析、解释和呈现学员差异化的学习数据，为学员提供满足其个性化需求的学习资源和学习内容，以及有针对性的学习方法与建议，真正做到"用数据说话"。此外，在智能化辅导系统中，员工、导师、管理者均能充分利用现有的系统数据和培训资源，节约企业培训成本，从而使得学习效率最大化。

（二）基于数据的个性化学习分析模型

构建个性化学习分析模型有助于个性化学习的实现。个性化学习分析是一个系统性的问题，除了数据的支持，还要进行数据挖掘和分析，并且要求充分发挥出数据的最大价值。王维等（2019）从数据、数据挖掘、数据价值的视角出发，构建基于大数据的个性化学习分析模型，见图5-1。

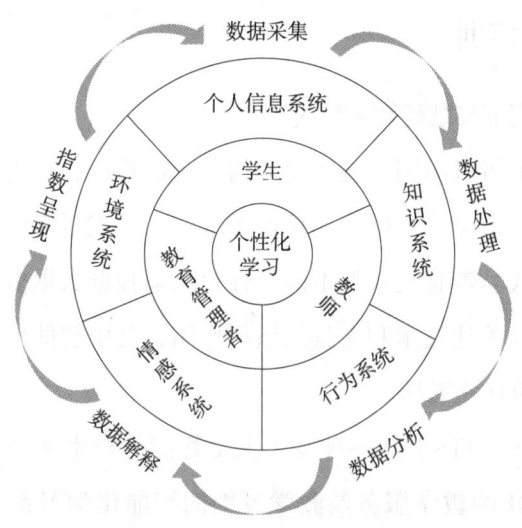

图5-1　个性化学习分析模型

基于大数据的个性化学习分析模型由两部分构成。第一部分是内核，即要实现的目标——个性化学习；第二部分是外壳，由内、中、外三层组成。外层是数据处理的过程，即数据挖掘，包括数据采集、数据处理、数据分析、数据解释、数据呈现五大过程；中层是数据收集的来源，即数据，主要来自个人信息系统、知识系统、行为系统、情感系统、环境系统；内层是数据价值的使用者，即数据价值是对于学生、教师、教育管理者而言的。以数据价值使用者为核心，以数据来源为根基，以数据挖掘为保障，构建了个性化学习分析模型。

教育领域的个性化学习分析模型同样适用于企业培训，能为企业个性化培训的实现提供思路指导。企业培训为了实现个性化培训的目标，要采集企业内部六大信息系统中的数据，对之进行处理，并客观分析这些数据，用数据发现问题、解释现象，随后用图表等形式将数据可视化地呈现出来，最后还需将最终的数据分析结果从员工、导师和企业领导者三方主体的角度切实应用到实践中,以此助力个性化培训的实现。

(三)企业个性化培训的研究与实践

个性化学习与个性化培训是近年来学者们研究的热门主题。通过对近年来知网上相关主题文章的检索,可以得出关于个性化学习与培训的四类研究方法和四类研究方向。其中,用户画像、数据挖掘技术、机器学习、多重智能算法是使用最多的四类研究方法,而研究最多的四类研究方向是个性化学习资源推荐、学习伙伴推荐、学习路径导航(刘海鸥等,2019)和学习行为监管。

1. 个性化学习资源推荐

这一功能的实现主要通过用户偏好建模、课程标签编制、智能信息匹配三大环节实现。首先,通过记录并提取员工在培训学习过程中的学习任务、学习行为、学习态度、学习圈子、学习风格、学习成绩等数据,对这些静态信息和动态信息进行深度分析,挖掘出员工潜在的学习偏好,进行员工的偏好建模。其次,按照学习地图对课程进行分级分类,编制官方版的课程标签,同时普通用户为课程添加的民间标签也可作为课程的补充属性。最后,对员工数据中的关键词进行语义分析,通过课程标签实现学习资源的智能化匹配,为个性化培训提供条件。

2. 学习伙伴匹配

用户偏好模型的建立也为学习伙伴匹配功能的实现奠定了基础。可基于用户偏好模型,依据学习者不同的兴趣爱好、学习风格与学习习惯,推荐特征习惯相近或互补的学习伙伴。通过协作学习和互补交流,有助于学习者提高参与培训的积极性,实现双方的共同进步。此外,学习伙伴推荐功能还能用于培训团队的建立,有助于培养员工的团队合作能力,在团队培训中发挥重要作用。

3. 个性化学习路径导航

员工的学习数据是不断更新变化的,员工即时的学习兴趣偏好可通过不断迭代更新的动态数据和员工的学习行为、习惯特征分析得出,以此预测出员工进一步的学习行动和安排，据此提供个性化的学习路径导航服务。在提供路径导航服务过程中，需要考虑到数据的实时更新性，及时分析员工学习特征的变化，以此保证学习路径与学生目标内容、学习方式上的自适应。

4. 个性化学习行为监管

通过建立员工学习行为和学习任务的评判标准（最低目标值），及时掌握员工在培训过程中出现的问题，当低于最低目标值时，则认定员工存在消极的学习行为，应对其进行学习预警，并给出有针对性的学习建议，从而提供适合员工学习风格的个性化干预方案，提高员工的学习效率和质量，从而提高培训的有效性。香港学者陈振邦等（Chan et al., 2011）基于动作捕捉和虚拟现实技术设计了一个舞蹈训练系统，该系统通过结果的反馈可以有效地激励和引导学生的学习行为。

在企业和各类组织的实践中，各类功能齐全的智能辅导系统推动着个性化培训实践的发展。ElectronixTutor是一种整合多种学习资源的智能辅导系统，专注于为海军学员提供电子学徒技术培训课程。孟菲斯大学格雷瑟（Graessr）博士构建的智能辅导系统Autotutor具备极强的交互技能和良好的思维技能，一方面，在对话时能够识别并接收员工的情绪信息，做出引导的尝试；另一方面，Autotutor通过创造观点相异的两位导师，促使学员在思考和推理中解决分歧，帮助学员进行深度学习。目前，智能辅导系统正在朝2.0阶段迈进，在推动智能化、个性化培训的基础上促进学员的深度学习成为新的重要任务。智能辅导系统在学习资源优化整合、学习状态引领、评价反馈、改进方案提出等方面功能的实现，还存在较大的研究空间，能够增强培训的个性化水平，推动深度学习的实现。

三、人工智能培训

（一）人工智能与人工智能培训

人工智能的概念最早是由麦卡锡在1956年的达茅斯会议上正式提出。此后，人工智能技术经历了数次发展，其概念也在不断地丰富和完善。2016

年，阿里云研究中心、波士顿咨询公司和Alibaba Innovation Ventures合作推出报告——《人工智能：未来制胜之道》，对人工智能的内涵进行了阐述：人工智能是研究、开发用于模拟、延伸和扩展人类智能的理论、方法、技术及应用系统的一门新的技术科学。

随着人工智能技术的发展，运用人工智能技术对企业员工进行培训与管理已成为企业员工培训的题中应有之意，人工智能培训应运而生。人工智能培训是指运用人工智能技术为员工提供智能化的培训服务，是人工智能技术在企业培训与开发领域的深入应用。人工智能培训的典型特征突出表现在智能化、自动化、个性化、协同化四大方面，自动化主要表现在人工智能技术对培训流程的优化和培训效果的评价上，智能化主要表现在算法模型的构建和培训决策的制定上，个性化强调培训内容与员工需求的高度匹配，协同化则体现了人工智能培训中教师角色参与的不可或缺性，明确了短期内人机协同的必要性。

（二）基于人工智能技术的培训工具

人工智能技术在企业培训领域的应用前景广阔，是变革培训形式、为学生提供个性化培训服务、为导师提供精准化教学、为企业提供科学化培训管理的有效途径，能够克服传统培训的局限性。常用的基于人工智能技术的企业培训工具包括智能导师系统、培训实时反馈系统、自动化测评系统和机器人辅助培训。

1. 智能导师系统

智能导师系统是人工智能技术在教育领域的一个典型应用，模拟人类教师实现一对一的智能教学。典型的智能导师系统主要由领域模型、导师模型和学习者模型三部分组成，即经典的"三角模型"（梁迎丽等，2018），其实质便是教学的三要素：导师、学员和教学内容的计算机程序化实现。领域模型里包含大量结构化、专业化的知识，能够完成知识计算和推理；导师模型则基于导师的个性特征，决定着培训内容和培训策略；学习者模型能够刻画出学习者的个性特征，描述学员在学习过程中的认知、能力和情感状态等。在智能导师系统中，关注员工个性化培训需求的满足，依据学习者的学习需求、习惯特征和偏好兴趣去制订专属的行动计划，通过强大的智能算法帮助员工掌握困难的知识和技能，为员工提供实时的指导和反馈，从而促进员工深度学习和个性化培训的实现。

2. 培训实时反馈系统

该系统主要通过人脸识别技术、情绪感知技术和技能发掘与干预来实现对培训的实时反馈。

（1）人脸识别技术

人脸识别技术是基于人的脸部特征，对输入的人脸图像或视频流进行分析，从而实现人脸检测、表情特征提取和表情分类等功能（潘镭，2011）。目前，人脸识别技术在国内外的应用已较为广泛，如"刷脸"支付、"刷脸"出入、"刷脸"防替考等。通过人脸识别技术产生的大量数据分析出学员的情绪状态，并通过数据积累来追踪和分析学员的行为。根据这些数据可对培训内容和培训环节进行适当调整，提高培训的质量和有效性。

（2）情绪感知技术

目前，国内已经出现了较为成熟的技术来实现对人们情绪的监控。海妖情感计算引擎（EmoKit）是一款关于情感计算的免费应用程序编程接口，可以进行情绪的识别、优化和表达，通过App、移动穿戴设备、智能家居、物联网、机器人等途径采集人的情绪，还可根据用户的情绪匹配音乐、视频、文字等内容，帮助用户优化自我情绪，促进问题的解决。在未来的员工管理场景中，情绪实时感知技术将会得到广泛的应用，如将其纳入员工援助计划（EAP）项目中，通过可穿戴设备收集数据信息，接入组织管理后台数据库，实时感知并分析出员工的情绪，从而及时做出相应的解决方案。

（3）技能发掘与干预

人工智能还能通过抓取员工的内部数字信息发掘员工技能并进行实时的技能干预，简历、销售信息、数字徽章和员工行为数据均是可靠的数据来源。根据数据生成技能配置文件，交由经理和员工进行验证。验证通过后，根据数据信息设计企业所拥有技能与所需技能间的差异图，制订干预计划，快速缩小员工间的技能差距。基于AI的技能推断能够帮助组织找到组织中那些拥有特殊技能的人，充分开发员工潜力和能力，做到人尽其用。

3. 自动化测评系统

自动化测评系统基于人工智能技术，能够实现客观高效地及时反馈，为企业的培训决策提供可靠的依据。自动化测评系统主要包括自动化文本评价系统、同伴互评系统、基于学习分析的测评系统等多种系统。这类学习测评技术在教育领域已应用得较为广泛，诞生了一批功能强大、实用高效的教育产品，如批改网、51talk、英语流利说等。但在企业培训领域，自动化测评系统的应用范围还相对较为狭窄，多用在培训试题的自动检查和评价上，同伴互评和基于学习分析的测评都较少实现。

4. 机器人辅助培训

机器人通过分析学习者的个性化需求为其提供个性化帮助和指导。在制造业或一些简单服务业，机器人辅导培训的需求量大。使用机器人培训员工操作性强、机械化的工作内容和流程化的工作步骤，减少了人力物力，降低了培训成本。此外，还可以让机器人成为员工进行技能培训时的练习伙伴，通过与机器人进行多次交互和模拟练习，以达到更好的培训效果。

(三)企业人工智能培训实践

将人工智能技术运用到企业培训开发领域已逐步成为企业共识，领先企业早已在人工智能培训上先行一步，通过先进技术解决传统的培训难题。

为了推动持续学习，IBM关闭了传统的全球学习管理系统，取而代之的是以人工智能技术驱动的新型数字化学习平台"Your Learning"。通过新型系统，员工可上传并发布实用的学习内容，根据角色和经验检索并推荐相关培训，整合互联网上的内外部学习资源。在学习平台上，IBM员工可以获知同行内最受欢迎的学习内容，并注册相应的目标学习频道，探索他们需要为其心仪的职位准备的技能和徽章，以确定培训和学习的目标。此外，还有学习型聊天机器人全天候回答问题，解决员工的各式难题。

2016年底，美国著名电子商务公司亚马逊为应对节假日用工需求的增长，增加了约120000个临时工作岗位。为了提高临时员工的上岗效率，亚马逊利用机器人和认知技术对临时员工进行培训，使临时员工快速熟悉岗位技能要求和操作要求，符合工作的需要。而自动化培训界面、"智能"胶带座和机器人托盘等工具的使用，使新员工的培训时间从6周减少到了2天，极大地提高了培训效率。

此外，运用人工智能技术还可以在培训项目中进行开放式推演，让参与者不断试错，从而得出最优决策。例如，在沙盘模拟领导力培训中引进人工智能技术，学员可根据所在企业的具体情境，通过多次开放式实验推演以确定合适的管理方法。此外，机器学习技术可通过分析参与者所选择处理的事件，归纳出参与者的管理风格倾向性，为其提供更有针对性的培训，提升学习体验。

四、虚拟技术培训

相较于传统的课堂式培训，虚拟现实(VR)、增强现实(AR)、混合现实(MR)等虚拟技术较强的沉浸感（强烈的身临其境之感）和人机交互性的特征使得学习者在培训中获得真实体验，使之能在更加灵活和安全的虚拟工作情境中进行练习，快速有效地提升技能，获得良好的学习体验。以下将针对虚拟现实、增强现实、混合现实三种虚拟技术分别谈谈其在培训中的实践与应用。

(一)虚拟现实及其在培训中的应用

虚拟现实（Virtual Reality, VR）是利用电脑模拟产生交互式的三维虚拟世界，提供关于视觉、听觉、触觉等感官的模拟，给人以环境沉浸感，并通过实时响应反馈到用户的五官，让使用者如同身临其境一般的技术。虚拟现实技术的环境沉浸式特点对于培训具有重要的意义，通过仿真模拟培训情境，增强员工的培训参与度，提高培训的有效性。

利用虚拟技术进行培训，能够提升员工培训的吸引力，降低培训的成本。在企业实践中,已经有诸多知名企业利用虚拟现实等技术来对员工进行培训。

通用汽车利用谷歌眼镜培养操作工人。谷歌眼镜中能够模拟出真实的工作场景,还能在显示屏上提供附带的文本信息和操作指示,员工根据指示在虚拟的培训环境中进行技能的学习和操作练习。管理者可在Google Gadge上查看员工实时的培训与学习情况,并针对员工操作中存在的问题提供及时的指导和反馈。

肯德基开发VR游戏用于员工培训。为了节约炸鸡资源,肯德基开发了一个VR炸鸡训练游戏,让员工通过Oculus Rift设备学会炸鸡技巧。在VR炸鸡训练游戏中,员工会进入一间厨房,在肯德基创始人桑德斯上校的声音指令下,学习并掌握炸鸡的五大步骤:检查、冲洗、裹面糊、搁盘、油炸,只有完成炸鸡任务后才能离开房间。

(二)增强现实及其在培训中的应用

增强现实(Augmented Reality, AR)是虚拟现实技术的延伸,将虚拟的信息应用到真实世界,利用模拟仿真技术,将真实的环境和虚拟的物体无缝叠加到同一个画面或空间同时存在,使得学习者在现实环境背景中看到虚拟生成的模拟对象(张思珍,2018)。增强现实为一些受客观条件限制而难以开展或危险性高的实验和培训等活动,提供了另一种更加实惠高效的选择。

在实践运用方面,中国企业Oglass已经推出了硬件产品AR智能眼镜RealX系列与工作辅助和培训系统PSS,用来提供更具交互性和场景化的培训服务。通过AR技术让虚拟的学习场景对接到实际工作场景中,实现实操训练、培训效果可视化、实时指导、透明管理等功能,增强培训的互动性与实操性。此外,利用增强现实技术,除了能对学习过程的数据信息进行分析外,还能针对员工的工作行为进行大数据分析,及时地调整培训内容和培训安排,实现更加智能化的培训。

(三)混合现实及其在培训中的应用

混合现实（Mix Reality, MR）融合了虚拟现实和增强现实两者的优势，是指在虚拟环境中引入现实场景信息，在虚拟世界、现实世界和用户之间搭起一个交互反馈的信息回路，以增强用户体验的真实感（张繁等，2016）。混合现实强调虚拟世界和真实世界的无缝融合，其特征主要体现在虚实融合、实时交互和三维注册等方面。

近年来，基于虚拟现实和增强现实的技术开发与实践应用愈加成熟，混合现实的研究与实践应用方兴未艾。在教育与培训领域，增强现实技术已被用于支持医疗卫生领域、建筑与电气工程领域以及航空航天与军事领域的技能培训和仿真训练。在医疗卫生领域，佛罗里达大学曲瓦等（Chuah et al.，2013）开发了用于训练临床沟通能力的MR系统，使学习者可在MR环境中与虚拟儿童病患进行模拟对话，用以练习检查儿童发育状态。在建筑领域，英国赫里奥特瓦特大学的博什等（Bosché et al., 2015）研究者开发了一个专门用于培训建筑工人的MR模拟系统，受训者可以用手和实际工具进行操作模拟，熟悉高空作业规范，加速专业技能的学习。

第三节 数据化培训与开发的流程与实践

传统的企业培训开发活动通常包括培训需求分析、培训计划制订、培训组织实施与管理、培训效果评估与反馈四个环节，以事务性非量化操作为主，缺乏对员工数据的整理和利用，缺乏对过程数据的记录和分析，脱离数据支撑，使得培训效果大打折扣。在数字化时代，技术的发展使得数据的分析和挖掘成为可能，为重塑培训开发的数字化进程提供了条件。本节首先将梳理数据化培训与开发的流程，其次将以腾讯为例，介绍现实企业中数据化的培训开发实践。

一、数据化培训与开发的流程

(一)收集并积累培训数据

进行数据化培训开发的前提是收集并积累相关数据,主要包括员工、导师和课程三方面数据。企业内部员工的数据主要来自两大方面:一是公司内部办公自动化(Office Automation,OA)、企业资源计划(Enterprise Resource Planning,ERP)等在线系统积累的员工线上工作信息,主要包括员工个人信息数据、工作职责数据、工作任务数据、工作绩效数据等。二是工作场所的数字化设备(传感器、摄像头以及可穿戴设备等)记录的员工线下行为数据,主要包括员工的情绪状态、身体状况、完成工作任务的时间、正确操作和错误操作的数量、关键事件等数据。

除了员工数据,导师和课程的相关数据也需进行系统收集,在此基础上形成相关数据库,构建培训管理系统,为后续的数据分析提供基础数据支撑。但需要注意的是,企业在收集和使用数据前,应先与员工沟通,允诺保障员工的数据安全,消除员工的顾虑,保护员工的隐私是企业不可推卸的责任。

(二)精准分析培训需求

戈德斯坦的三层次模型从组织层面、工作层面和个人层面对培训需求进行分析,使得培训需求更加全面完整,能够更加精准地分析出员工的真实培训需求。组织层面的信息往往来源于公司高层,除了管理信息系统中已有的数据,还可通过与高管进行面谈,以及研究公司战略相关的重要文件、重要会议资料等方式明确组织战略目标,此外还应该关注外部环境或者客户的变化,收集客户反馈信息,综合分析公司内部战略信息、外部环境和客户反馈信息,确定组织层面的培训需求。工作层面的信息一般来源于中层管理者,主要包括工作岗位信息、工作任务和工作岗位要求等数据信息,重点关注员工的胜任力模型和任职资格标准。个人层面的需求信息可以采用访谈法、问卷调查法、观察法和任务分析法等方法获取,同时在培训管理数据库中调用员工的基础信息、工作行为、考核评价、历史培训等相关信息，关注员工的绩效结果和职业生涯发展规划。对三个层面的数据信息进行汇总、筛选、提取、关联、挖掘与分析，综合进行战略与环境分析、工作与任务分析、人员和绩效分析，从而精准地分析出组织和员工的培训需求，既关注了员工的真实培训需求和个人成长发展，又明确了组织的期待和要求。

谷歌开展的GoogleEDU学习和领导力开发项目，利用数据分析和其他措施来确定管理者个性化的培训需求。谷歌持续收集员工对管理者的评价数据，据此为管理者推荐特定的课程。此外，谷歌还根据管理者的业务领域和职业生涯的不同阶段，为管理者提供个性化的课程推荐。当员工更换工作地点或加入新团队后，新工作团队的管理者会收到一封包含员工兴趣偏好等数据的提醒邮件，为新一轮的培训提供便利。

(三)量化培训目标体系

人力资源管理者在制定培训目标时，要遵循SMART原则，即目标必须是具体的（Specific）、可衡量的（Measurable）、可达到的（Attainable）、与组织目标相关的（Relevant）、有时间限制的（Time-based）。在制定培训目标时，能够量化的应该尽量量化，不能量化的尽量细化，不能细化的尽量流程化，同时培训必须与企业的发展目标、部门目标、个人的职业生涯目标相一致。

基于以上制定目标的原则，人力资源管理者首先应收集并整合企业战略、客户反馈、工作任务等方面的信息和数据，制定出组织层面和部门层面的培训目标。在此基础上，在培训管理系统中为员工提供可选择的多样性培训目标和评价指标，让员工亲自参与到自身培训目标的制定中。根据员工的选择，在系统中动态生成个性化培训目标和评价标准，并在培训开发的全流程中，对员工培训目标实现全程跟踪和动态管理，激发员工实现培训目标的积极性。

(四)培训数据过程监控

员工在培训过程中会产生大量的学习数据和行为数据，而以往的培训开发实践往往偏重于事后评价，缺乏对过程的科学管控，大量过程数据被闲置浪费，未能得到有效利用，难以全面反映学习者的学习情况。数字化的培训与开发注重对培训数据的过程监控，运用数据挖掘技术从多个维度挖掘学习过程数据中的有价值信息，综合运用数学统计、关联规则和决策树等方法，分析培训过程数据与培训行为和培训结果的相关关系，使培训过程的优化变得有据可循。通过对系统所收集到的过程数据的实时监控，对基本数据的异常波动、历史数据的发展趋势做出解释和诊断，能够分析得出学习者的现存问题与潜在问题，并能将这些问题和不足及时反馈给学习者，同时给予相应的改进建议，帮助学习者及时调整学习状态，必要时还可以为之精准推荐更加合适的培训课程内容。

在过去几年里，IBM一直在磨炼员工的技能推断技术，该技术现在的准确率在85%~95%之间。员工可以通过专业管理界面实时获取自己需要提升的技能，并且信息会不断更新，提供更准确、实时的技能洞察。IBM的人工智能技能推断技术对培训具有重要意义，运用该技术在培训过程中监控相关的技能数据，并查看这些技能与标准要求的差异。这使IBM能够确定有针对性的干预措施，如调整培训课程、加强培训强度等，以缩小同岗位员工间的技能差距。

（五）培训量化评估

培训量化评估可从培训实施情况的量化评估和培训效果的量化评估两方面着手。培训实施情况评估是对培训计划和培训实际开展情况之间的差异分析，其量化评估可通过计算培训计划完成率、培训覆盖率、培训费用达成率、人均培训费用等指标（详见表5-1）来完成。培训效果评估是对培训实际实施情况的满意程度和意见分析，评估的数据来源于主客观两方面。一是通过设计调查问卷的方式收集进一步的信息，可参考菲利普斯的五级投资回报率模型（反应、学习、行为、结果、投资回报率）和CIPP评估模型（情境、投入、过程、产物）设置调查问题，利用问卷收集参训人员的打分情况，并统计分析软件挖掘数据间关系，用客观量化的数据，展现培训的效果。然而，传统的调查问卷方法收集的数据大多采用员工自我报告的形式，存在较大的主观性。为了弥补数据来源的缺陷，还应从员工培训数据库中提取客观数据进行分析，主要包括学习者特征、学习行为和学习状态等数据，依据不同的评价指标和内容，选择不同的方法和模型，对培训效果进行量化评价。

此外，对于培训师的评估也是培训评估不可忽视的内容之一，可建立企业内部培训讲师授课评分数据库，通过计算标准分建立常模，绘制正态分布图，在图中标注培训师的位置，并按标准差大小来划分培训师等级，以此用定量化的方法来评价培训师，并为导师的选择做出更科学的决策。

(六)培训数据可视化

数据可视化是指将经过采集、清洗、转换、处理过的数据映射为图形、图像、动画等可视化的形式，并可以进行多维度、多层次的交互分析，以直观的可视化方式发现数据蕴涵的规律和特征，从而实现对复杂数据进行深入洞察。数据可视化具有直观、高效、美感、愉悦等特征。通过对培训数据进行可视化处理，使抽象的培训过程有迹可循，进而形成对学习者的知识增长、行为改变、绩效改进、投资回报率等情况的直观反映。

对管理者而言，培训数据的可视化便于挖掘数据价值，使管理者掌握培训的总体情况，做出科学的培训决策；对导师而言，培训数据的可视化便于个性化指导和干预；对学习者而言，可以直观地看到自己的进步和能力的提升，有利于认识自我、建立自信，为组织积极贡献价值。

(七)基于数据挖掘进行培训改进

数据挖掘是从大量的、不完全的、有噪声的、模糊的、随机的实际应用数据中，提取隐含在其中的、人们事先不知道但又潜在有用的信息和知识的过程（陈晓璠等，2009）。利用数据挖掘技术，采用决策树、关联规则、贝叶斯、神经网络、聚类分析等方法，能够挖掘出隐藏的数据关系和数据生长趋势。

在培训开发领域，通过员工数据的收集、分析和建模，能够从中找出大量真正有价值的信息和知识，运用数据挖掘技术和其他统计分析工具对数据进行定量分析，能够更好地对企业培训开发的发展和未来趋势做出定量分析和预测，促进培训流程更加自动化，培训方式更加个性化，培训工具更加智能化，为高层管理者提供更科学的决策依据，帮助企业有针对性地实现更科学的培训开发管理，促进培训业务的改进。例如，谷歌会通过数据对培训项目执行反馈，类似于期末给老师评分的机制，谷歌会依据学员评分取消不受欢迎或者没有收获的课程。

二、数据化培训与开发实践：以腾讯为例

（一）用产品经理的思维做培训

在国内互联网圈流传着一句话：技术看百度，运营看阿里，产品看腾讯。腾讯的产品开发能力有口皆碑，腾讯人将自身优势运用到人才培养和发展战略上，创造性地提出"用产品经理的思维做培训"的新理念。其核心思路是：HR要把自己当作一个产品经理，其用户是公司内部需要培训服务的对象或学员，产品是各类课程或培训方案。要想做好培训开发，HR必须像产品经理一样去了解用户需求，关注用户体验，持续打造并优化培训产品使其成为精品。

在腾讯的培训与开发实践中，大数据发挥着关键作用。作为一个以研发为主的多元化公司，腾讯的员工呈现普遍年轻化的特点，平均年龄在27岁至28岁之间，员工构成以新生代员工为主。为了更好地满足员工多样化的学习与成长需求，腾讯内部的企业大学——腾讯学院——对员工数据进行深入挖掘与分析，从明确用户需求，到培训产品设计，再到培训运营，通过数据驱动培训与开发活动的高效开展，真正做到用产品经理的思维做培训。

1. 用户画像：真正理解员工需求

做产品首先要了解用户，一切以用户价值为依归是腾讯践行的经营理念。落脚到培训开发上，HR最重要的用户是员工，挖掘员工真实需求是HR开展培训开发工作的基础。了解用户的需求，在腾讯内部叫作好用户画像。通过对用户过程和结果数据的挖掘和分析，抽象出相应的特征标签，建立起

目标群体的用户模型，这一过程便叫作用户画像。做好用户画像，能够精准地抓住用户需求，实现培训课程的个性化推荐、培训信息的精准营销、辅助培训课程和方案的设计以及实现培训开发活动的精细化管理等功能。

腾讯学院从企业前台后台数据库中提取所需数据，包括员工总体数据、员工属性数据、员工行为数据、员工成长数据、行业数据等，并通过调研、访谈、信息填写及问卷等方式进行数据采集，过滤和清洗非目标数据、无效数据及虚假数据，将原始数据转化为一系列特征，组合多种相似特征，构建数据标签，最终生成用户画像。借助后台大数据，学院深入了解员工的特点、能力和兴趣，精准地分析出员工的核心培训诉求，生成用户画像。

此外，腾讯内部学习平台上每月Top10的热门课程、Q-Learning的搜索功能所提取出的每月热门搜索词、用户对课程的评价、培训满意度调查结果等都是很好的数据来源，能够用来判断员工的学习偏好，用于培训需求分析。

2. 培训设计：做因需而动的培训

在用户画像的基础上，腾讯学院聚焦培训需求，从企业需求和员工需求两方面出发，做因需而动的培训。

一方面，学院根据战略要求和业务需要，从企业角度出发，设计培训项目。例如近年来，腾讯强调精品打造，腾讯学院便在培训项目中因需而动，做了许多针对性的设计。如在新员工培训中加入"腾讯产品奥斯卡"项目，让新员工体验腾讯产品，评价产品，给产品找碴，培养新员工的产品意识。在培养后备中层管理者的飞龙项目里边特设产品体验环节，让管理者体验腾讯产品，写体验报告和竞品分析，甚至邀请产品负责人到现场交流，培养管理者的产品思维。

另一方面，学院根据用户需求，从用户角度出发，有针对性地设计培训产品。历年来积累的培训数据能够指导企业不断迭代和优化培训产品。具体而言，学院掌握了大量数据，用以分析用户的偏好和实际需求，从而确定各类员工的培训课程和内容。此外，学院通过分析在线平台上的热门课程排行和搜索关键词，对培训课程和培训内容进行及时调整或补充。在培训选题方面，学院鼓励员工主动提出培训选题，学院进一步给出建议，充分激发员工的热情和积极性，收集各类实用的培训选题建议，使得培训项目更加贴近用户需求。

3. 培训运营：进行精准营销

除了用户需求的确定和培训项目的设计外，腾讯学院也非常重视培训过程的运营，利用大数据进行精准营销。从数据中可以看到用户使用最多的功能和最热门的课程等信息，学院将相关热门课程和内容置于页面最突出的位置，为用户提供便利的同时也提高了点击率。同时，学院通过数据摸索学员上线学习的时间规律，以此来决定最适合推送培训内容的时间。

腾讯学院每月会输出和分析Q-learning的经营月报，包括每个月的在线人数同比上月的变化情况，登录以后报名培训和真正学习在线课程的是哪些员工等内容，通过对每月登录人数的曲线变化，可以分析和还原员工的真实培训情况和培训效果。此外，通过对培训效果数据的分析，如用户参与度、对课程的喜好程度，来判断HR对培训方向的把握是否准确，是否需要对培训内容做出调整等。

(二)人才培养项目案例: T族干部培训

腾讯按照员工不同的职业发展通道，将员工分为了四个不同的"族"：T族、P族、M族、S族。所谓T族，指的是腾讯的技术开发人员。显然，每个族的管理人员在管理风格、管理素质、管理能力等方面都有着不同的特点。基于此，腾讯以大数据为依托，开展了一次T族干部培训，取得了很好的成效和反响。

腾讯学院通过大量的员工内部调研和访谈，设计出了两份培训方案：线下赶集场和线上情景式培训。所谓的"线下赶集场"，就是一种线下"提问—讨论—点评"形式的培训方式。学院为此举办了多次500人场的"赶集场"活动，取得了不错的成效。由于腾讯自身的员工线下培训体系已经十分完善，所以T族干部培训将重点放在了线上情景式培训上。

在线上情景式培训中，大数据和线上应用软件的开发起到了决定性的作用。学院首先进行大规模的数据收集，通过访谈、调查问卷或"赶集场"等其他形式进行调研，将T族管理人员在实际工作中遇到的种种问题做了整理，并收到了参与者的反馈。例如，在前5次线上的"赶集场"活动中，150名参与者对某问题提出了156个纠结点，并一共收集到了500多个解决方案。随后，学院利用大数据分析和情景模拟，将这些员工提出的全部问题归纳为18个最有价值的问题。最后，学院将这18个问题以情景再现的形式呈现出来，将这些情景作为培训问题放入他们专为此次培训开发的App"蜘行"里面。这些情景包括的问题有：如何处理人情和制度两难的困境？产品经理提出的需求有问题时如何解决？产品部门和技术部门发生矛盾时，如何处理优先级的问题？等等。这些问题十分贴近T族管理人员的用户画像和用户情景，从而具有高度的针对性和现实意义。

学院在此次培训中为每个场景涉及的问题都提供了一些答案，员工需要在这些答案中做出自己的选择，并且应该和其他员工讨论这些答案的合理性，最好能提出更有意义的优化方案。值得一提的是，学院在此次培训中并没有将18个场景一次性放出来，而是每周固定给两个场景，连续9周。学院可以在App后台看到员工使用App的次数、频率和给出的答案。通过这些数据，学院可以及时地掌握员工在培训中的学习情况，更有针对性地对每个员工的培训细节提出改进方案。同时，这种分批次给出情景的方式，也更能吸引员工的注意力，提升其参与培训的热情，提升培训的效果。

第四节 领导力开发与职业生涯发展

一、数字化时代的领导力开发

（一）领导力开发与数字化领导力

随着外部商业环境和信息技术的快速变革发展，企业数字化转型的步伐日益加速，越来越多的企业强调以数字化战略取胜，以此来提升效率、加速组织变革、发掘新机会。然而，现实却是企业的领导力逐渐落后于数字化转型的步伐，德勤《2017年全球人力资本趋势》报告中指出，只有5%的参加调研的企业认为自己拥有充分优秀的数字化领导者，但已有72%的企业正在发展或开始发展注重数字化管理的新型领导力项目。

根据德勤的报告，未来组织将需要三种类型的领导者：数字化投资者、数字化开拓者、数字化转型者。数字化投资者是拥有风险投资思维，能够发现机会，在人才和想法方面投资，建立伙伴关系，以及构建生态系统来促进创新和企业繁荣的高管。数字化开拓者是善于重新构想未来，塑造全新和不同的企业模式，并领导成功的数字化策略的业务或职能领导者。数字化转型者则是善于在彻底变革中带领人员，并实现业务转型的领导者。

旧的组织模式和领导者胜任力模型已经不再适用，领导者需要具备新的能力。2018年DDI智睿咨询的《全球领导力展望》显示，数字化时代的领导者最关注由16项能力组成的五类关键领导能力（见图5-2）：科技驱动、迷途领航、共创整合、调动人心、全局思维。根据调查结果显示，其中的制定数字

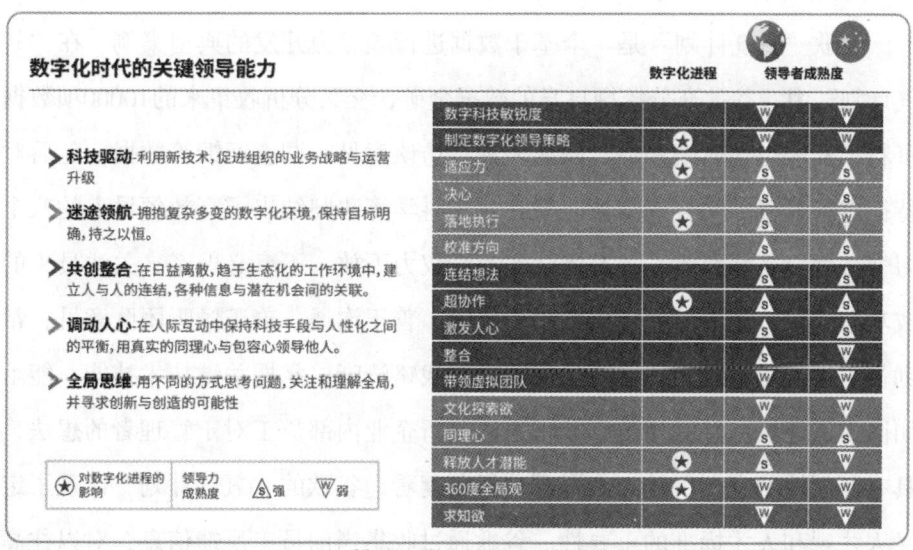

图5-2　数字化时代的关键领导能力

化领导策略、适应力、落地执行、超协作、释放人才潜能和360度全局观这六项能力对企业的数字化进程和绩效会产生重大影响。在这六项关键能力中，中国领导者的适应力和超协作能力较强，但其数字化领导策略制定能力、落地执行能力、释放人才潜能和360度全局观四项能力相对较弱。

数字化时代的领导力开发对于企业和个人都具有重要价值。对企业而言，能够盘点组织领导者的整体能力，了解领导者的优势与发展领域，培养新型的更加年轻、灵活、"具备数字化潜质"的领导者，提升组织的投资回报率和组织竞争力。对于个人而言，能够提升领导者的个人认知，扬长避短，聚焦重点发展领域，激发对数字化时代领导者角色的思考，提升数字化事务处理能力，培养跨领域的技能，对领导者领导能力的提升和职业生涯发展具有重要意义。

(二) 数据驱动的领导力开发实践

随着科技颠覆的步伐持续加快，领导者扮演的角色将持续转变，领导者被要求不断提升自身领导力和执行力，更加注重数字化和团队导向，才能确保其企业在数字化转型中不会掉队。通过数据驱动领导力开发，将成为企业领导力发展的重要趋势。

谷歌"氧气计划"是一个基于数据进行领导力开发的典型案例。在"氧气计划"中，谷歌充分挖掘自身的数据金矿，交叉分析收集来的10000项数据资料，其中包含业绩评估、团队表现、访谈意见、调查回馈等数据，随后对特征进行编程，并合成结果。最终，用科学算法归纳出了高效领导人的八个习惯：做一名好教练；提升团队实力，权力下放，不事必躬亲；关注员工的成功和幸福；注重效率，以结果为导向；善于沟通，善于倾听团队意见；帮助员工进行职业规划；团队目标明确，战略清晰；掌握关键技术技能，能给团队提供建议。谷歌用数字分析方法分析企业内部员工对于管理者的想法，具有开创性的意义。从人力资源分析角度看，谷歌的"氧气计划"体现了定义人才观和人才标准的重要性。谷歌通过收集当前员工反馈信息、对以往高绩效人才开展画像、对管理行为数据进行相关性分析等方式，实现对未来人才的定义和指引。"氧气计划"表明，数据分析对人力资源管理实践具有不可估量的作用，能够支持人力资源管理的核心价值去处，促进人力资源管理决策朝着科学化、智能化的方向发展。

二、数字化时代的职业生涯发展

(一)职业生涯发展与终身学习

技术的发展、人均寿命的延长、新型商业模式和工作实践的变化不断提高着人们对终身学习和持续性职业生涯发展的需求。在当代社会，职业生涯跨越半个多世纪，但习得技能的半衰期却只有5年左右，技术的快速更新换代使得传统的学习方式不能满足漫长职业生涯的要求。过去，员工为适应职业需求而学习技能；如今，职业本身就是一次漫长的学习旅程。

在2017年德勤的《全球人力资本趋势》调研报告中，员工职业生涯提升和企业学习转型的重要性上升至第二位。在所调研的高管中，近一半的人（45%）认为职业生涯发展和持续学习是迫切的或非常重要的，学习和职业生涯变革势在必行，如何管理职业生涯并提供持续不停息的学习发展机会成为组织必须面临的问题。

相对于传统的旧规则，职业生涯发展和终身学习主要具有如下新规则：员工自主找寻并决定自己的职业发展方向，组织为员工提供相应的咨询服务；企业学习发展部与员工共同制订个性化的学习发展计划，并结合团队需要和个人职业目标决定学习内容；员工的学习不再局限于时空，可随时随地在网络平台上进行学习，学习自主性变得尤为重要；新的学习技术的兴起创建了一种不间断的、协作型的定制学习体验。

在数字化时代，通过大数据技术和方法分析企业人力资源的性格、能力、特长、潜力等信息，能够实现对员工的精准评价，帮助员工提升职业安全感，促进其无边界职业生涯的实现。此外，移动学习平台、智能辅导系统、人工智能、虚拟现实等工具和技术的应用，能够为企业员工提供随时随地持续性学习的机会，满足员工动态性职业生涯发展的需求。通用电气公司

（GE）创建了在线学习平台Brilliant U，通过共享视频的方式在整个企业内驱动员工学习。仅一年时间，就有超过30%的GE员工自主开发了学习内容，并积极与同事进行知识共享，大大提高了员工的学习热情，并在企业内部营造了浓厚的学习氛围和分享型文化。

基于数据对员工进行职业生涯发展辅导与规划，一方面能够使员工对自己有更精准而清醒的认识，同时对组织内外部存在的职业发展机会加深了解，在组织的帮助下明确自己的职业发展目标，制订具体的职业发展行动计划，有助于员工的终身学习；另一方面，有效的职业生涯发展能够为组织提供高质量的人才储备，满足组织的人才需求，同时还能充分调动员工的工作积极性，提高组织效率。

（二）数据驱动的职业生涯发展实践

数字化时代下，多数企业尚处于职业发展和学习模式变革的早期，领先企业却已未雨绸缪，为其在数字时代的职业模式和学习发展架构的提升做足准备，致力于以更人性化的方式促进员工的学习与生涯发展，将工作和生活更紧密地结合起来，降低员工对工作和生活平衡问题的担忧。

为了更好地发现人才并帮助现有员工提升自己的职业生涯，IBM推出了专为人力资源管理设计的人工智能套件IBM Talent&Transformation，其中IBM为职业生涯辅导提出解决方案：Watson职业教练（Watson Career Coach, WCC），通过该系统为所有员工提供高质量的职业指导服务。

Watson职业教练是一个能为员工的职业发展路径提供建议的私人教练，它能够与员工进行互动，通过用自然语言提问和回答问题，结合数据库中的人工智能历史数据信息来了解员工，为那些寻觅未来工作机会的员工提供专业化的职业建议。该人工智能教练还可以提供个性化的学习建议，帮助员工不断发展自己的技能。

同时，Watson职业教练的工作机会匹配组件允许员工上传简历，并通过让员工回答相关技能的问题，就员工适合的职业角色提出建议。如果员工正在寻找更长远的职业发展机会，职业导航组件通过提供发展建议，帮助员工培养所需技能,并利用算法帮助员工规划其通往理想角色的道路,为员工的成长发展做好充分准备。

此外,IBM为了让员工对自己的职业生涯进行更好的管理,开发了一个独家的职业生涯管理系统,这个系统能够帮助员工参考同事的职业生涯模式,结合自身特点寻找新的匹配岗位,并能为员工提供新的任务推荐。

三、小结

在数据化培训与开发过程中,涉及较多的数量指标,以下将对常用的培训与开发数量指标进行整理和汇总,形成数量指标体系表(如表5-1所示)。数量指标体系的建立有助于对培训效果进行量化评估,做出科学决策。

表5-1 常用的培训与开发数量指标

序号	指标名称	指标含义	计算公式
1	培训计划完成率	计划的培训项目的完成程度	$\frac{实际完成的培训项目(次数)}{计划培训的项目(次数)} \times 100\%$
2	培训参与率	实际参加培训的员工数与应参加培训的员工总人数之间的比值	$\frac{实际参加培训的员工数}{规定应参加培训的总人数} \times 100\%$
3	培训覆盖率	企业参加培训的人员数量同企业额定的人员人数的比率	$\frac{培训人次}{额定员工人数} \times 100\%$
4	培训考核达标率	培训考核达标的人数占培训总人数的比率	$\frac{培训考核达标人数}{培训总人数} \times 100\%$
5	培训投资回报率	企业开展培训所获得的货币收益与培训总投入之间的比值	$\frac{培训收益}{培训成本} \times 100\%$
6	培训投资净回报率	培训收益扣除培训成本后,与培训总投入之间的比值	$\frac{培训收益-培训成本}{培训成本} \times 100\%$

续表

序号	指标名称	指标含义	计算公式
7	培训费用预算达成率	实际的培训费用与培训预算费用之间的比值	$\dfrac{实际培训费用}{培训预算费用} \times 100\%$
8	培训后学员知识达标率	评估学习层面的指标	$\dfrac{考试合格的学员人数}{培训总人数} \times 100\%$
9	培训后学员行为改善率	评估行为层面的指标	$\dfrac{行为明显改善的学员人数}{培训总人数} \times 100\%$
10	培训后学员绩效改变率	评估结果层面的指标	$\dfrac{绩效明显改善的学员人数}{培训总人数} \times 100\%$
11	培训效果满意度	领导对培训效果的满意度评价	$\dfrac{\Sigma 培训评价表每项给分}{评价表总分值} \times 100\%$
12	学员满意度	受训学员对培训效果的满意度评价	$\dfrac{\Sigma 学员培训评价表每项给分}{评价表总分值} \times 100\%$
13	培训讲师满意度	培训讲师对培训效果的满意度评价	$\dfrac{\Sigma 培训师培训评价表每项给分}{评价表总分值} \times 100\%$
14	员工职业生涯规划完成率	培训总人数中，完成了职业生涯规划的人数比率	$\dfrac{完成职业生涯规划的人数}{培训总人数} \times 100\%$
15	问题解决比率	针对学员培训前提出问题，培训后已解决问题的数量	$\dfrac{培训后解决问题}{培训前提出问题} \times 100\%$
16	培训课程开发数	所开发的培训课程的总数量	$\Sigma 开发培训课程的个数$
17	培训成本	包括培训的直接成本和间接成本	直接成本+间接成本
18	培训课时	以上课节数为单位计算，一节课即一个课时	$\dfrac{培训总时长}{每课时的时间长度}$

参考文献

[1] 波士顿咨询公司，阿里云研究中心，阿里巴巴创新投. 人工智能：未来制胜之道[Z]. 2016.

[2] 柴艳妹，雷陈芳. 基于数据挖掘技术的在线学习行为研究综述[J]. 计算机应用研究, 2018, 35(5): 1287-1293.

[3] 陈晓璠，邓砚谷，郑玉莉. 数据挖掘在企业人力资源绩效管理中的应用[J]. 上海管理科学, 2009, 31(6): 50-52.

[4] 德勤. 2017年德勤全球人力资本趋势报告——改写数字化时代的规制[Z]. 2017.

[5] DDI智睿咨询. 全球领导力展望：中国报告[Z]. 2018: 14-15.

[6] 孔玺，孟祥增，徐振国，等. 混合现实技术及其教育应用现状与展望[J]. 现代远距离教育, 2019(3): 82-89.

[7] 刘海鸥，刘旭，姚苏梅，等. 基于大数据深度画像的个性化学习精准服务研究[J]. 图书馆学研究, 2019(15): 68-74.

[8] 梁迎丽，刘陈. 人工智能教育应用的现状分析、典型特征与发展趋势[J]. 中国电化教育, 2018(374): 24-30.

[9] Google部署氧气计划：帮企业培养最佳经理人[EB/OL]. [2011-3-15]. https://www.cnbeta.com/articles/tech/137260.htm.

[10] 彭剑锋. 人力资源管理概论[M]. 3版. 上海：复旦大学出版社, 2018.

[11] 潘镭. VIP客户识别："以貌取人"效率高[J]. 金融科技时代, 2011(3): 43-44.

[12] 石金涛. 培训与开发[M]. 3版. 北京：中国人民大学出版社, 2013.

[13] 唐秋勇，等. HR的未来简史[M]. 北京：电子工业出版社, 2017.

[14] 王淑珍，王铜安. 现代人力资源培训与开发[M]. 2版. 北京：清华大学出版社, 2015.

[15] 王维，董永权，胡玥. 基于大数据的个性化学习分析模型构建[J]. 黑龙

江畜牧兽医, 2019(20): 166-169.

[16] 徐芳. 培训与开发理论及技术[M]. 上海: 复旦大学出版社, 2005.

[17] 祝士明, 刘帅瑶. 世界高校智能教育的发展脉络及启示[J]. 中国电化教育, 2019(394): 49-59.

[18] 张思珍. 增强现实（AR）在中学生物学科中的教学资源开发研究[D]. 上海师范大学, 2018.

[19] 张繁, 王章野, 吴侃侃, 等. 大屏幕拼接可视化技术的研究进展[J]. 计算机辅助设计与图形学学报, 2016, 28(1): 9-15.

[20] BOSCHÉ F, ABDEL-WAHABM M S, CAROZZA L. Towards a mixed reality system for construction trade training[J]. Journal of Computing in Civil Engineering, 2015, 30(2): 0401-5016.

[21] CHAN J C P, LEUNG H A, TANG J K T, et al. A virtual reality dance training system using motion capture technology[J]. IEEE Transactions on Learning Technologies, 2011, 4(2): 187-195.

[22] CHUAH J H, LOK B, BLACK E. Applying mixed reality to simulate vulnerable populations for practicing clinical communication skills[J]. IEEE Transactions on Visualization and Computer Graphics, 2013, 19(4): 539-546.

第六章

数据驱动的绩效管理与激励

第一节 绩效管理的模型和方法

一、绩效管理的概念与基本流程

绩效管理是对组织和员工的行为与结果进行管理的过程，旨在充分发挥员工潜力，提高其绩效，并将员工个人目标与企业战略相结合以达成组织目标（林新奇，2016）。一般来说，绩效管理的基本流程包括绩效计划、绩效辅导与促进、绩效考核与评估、绩效反馈与改进。这四步并不是链式，而是构成一个闭环，不断优化绩效管理，提升绩效水平。

二、绩效管理的具体方法

广义的方法指技术、工具、流程、模型，此处不做区分。在此介绍绩效管理的经典方法以及较为新颖的方法。

（一）目标管理法（MBO）

目标管理法（Management by Objective，MBO）来源于管理学大师彼得·德鲁克1954年在《管理实践》中提出的"目标管理"这一概念。彼得·德鲁克指出，有了目标才能确定每一个人的工作，所以如果想让员工完成企业任务，则必须先设定目标。目标设置理论的提出以及瑞安（Ryan，1970）的进一步阐述"人类行为受有意识的目标影响"等研究成果，为目标管理法的提出与完善提供了理论基础。目标管理指管理层与员工针对企业目标进行沟通后制订个人的工作目标与计划，定期检查目标完成情况并反馈，并以此为绩效考核的标准。目标的设定要注意五方面的要求，即设立明确（Specific）、可衡量（Measurable）、可实现（Attainable）、与组织目标相关（Relevant）、有时间限制（Time-bound）的目标，简称SMART法则。

（二）平衡计分卡（BSC）

平衡计分卡（Balanced Score Card，BSC）是卡普兰和诺顿（1992）提出的企业绩效评估工具，后在发展的过程中逐渐成为支持战略落地的有效工具。在平衡计分卡产生之前，企业往往只用财务指标来评估绩效。过度关注财务绩效会导致企业追求短期利益而牺牲长期利益，危害企业的发展；同时，财务绩效只能反映企业前期行为的经济结果，并不能追溯驱动企业竞争力的来源。平衡计分卡将顾客（顾客怎样看待我们）、内部业务流程（我们必须擅长什么）、学习与成长（我们能否继续提高并创造价值）三个角度补充进来，和财务角度（我们怎样满足企业所有者）一起组成四维度的企业绩效评估工具。顾客、内部业务流程、学习与成长这三个维度属于企业的运营方面，驱动企业未来的发展。衡量企业的最终标准还是盈利能力，所以平衡计分卡将财务维度作为最终目标，其他三个维度绩效的改善只是手段，最终需要体现在未来财务指标的增长上。如果四个维度的指标都达到了要求，那么企业则兼顾了短期财务与长期发展的平衡。

平衡计分卡不仅是评估绩效的工具，更是企业简化和聚焦战略的杠杆，帮助企业进行战略分解、指标选取进而落地执行。平衡计分卡指标的分解有两种方法，一是将企业各部门作为一个整体制定四个维度的指标，二是将企业作为一个整体制定四个维度指标后由不同部门来分担。再将部门指标分解为部门通用指标、岗位通用指标与岗位专用指标，从而实现战略的落地。

(三)关键绩效指标(KPI)

关键绩效指标(Key Performance Indicator,KPI)是目前运用最为广泛的员工绩效管理方法。KPI围绕企业战略,基于二八定律,提取企业成功的关键因素,并将其分解传导到员工层次。BSC与KPI的区别在于,BSC强调将企业战略分解为四个相互联系的维度以实现平衡发展,属于"做什么"的层面;KPI强调以企业战略为核心提出关键指标,并由上而下地层层分解至个人来落地实践,属于"怎么做"的层面。区别于一般绩效指标,KPI对企业的影响更为重要,与战略的联系非常紧密,同时指标结果能被员工行为显著影响(BSC有些财务指标受经济大环境的影响比企业行为的影响大)并能明确以数字衡量,适合员工个人负责落实。

基于KPI的考核体系的建立可以参照以下流程:首先明确企业战略,找出核心业务及其关键绩效指标,再部门、岗位、个人逐级分解。其次明确关键绩效指标是否能够全面地衡量员工工作绩效,如果不能,还应以工作分析和岗位职责等为基础,设计补充考核指标。采用重要性排序或两两对比确定指标权重。最后确定合适考评主体,客观公正地进行指标考核。

(四)目标与关键成果法(OKR)

目标与关键成果法(Objectives and Key Results,OKR)不同于KPI的可明确衡量,其目标相对模糊,不一定能实现。OKR主要适用于需要灵活应对快速变化市场需求的互联网等创新型企业,通过设置有挑战性的目标以激励员工向某个方向努力前进。OKR允许每位员工最多设置5个目标,每个目标最多设置4个关键结果。每位员工的OKR在企业内部都是公开透明的,员工可以查阅上级领导和同事的OKR,就内容进行交流讨论,保证目标是同方向而不是毫不相关甚至掣肘的,协同推进。严格来说,OKR是绩效管理方法,并不能衡量全部的工作绩效,从而不具备绩效考核的作用,需要与KPI等其他绩效考核工具搭配使用。如果企业内部人员工作以创新为导向,且主动性极强,可以使用OKR而不进行绩效考核。

三、传统绩效管理的局限性

绩效管理是一个以战略为中心，通过计划、监督、控制、考核、反馈等环节，对员工的行为和结果进行管控的系统。不同于绩效考核只重视过往表现，绩效管理同时关注过去与未来，其主要目的是将战略拆解为绩效指标并落实到员工上，并依据绩效考核结果为员工提供报酬与绩效改进方向，实现企业和员工的共同发展。

绩效考核向绩效管理的过渡发生在20世纪80年代末期的跨国公司中，那个时代激烈的外部竞争与资本等带来的有限增长，使得企业着眼于挖掘人力资源的潜力，而绩效管理正是一个合适的工具。所以在一定程度上，绩效管理是管理实践基于时代发展的产物。

然而，目前我们所处的社会日新月异，信息技术高速发展所带来的经济、政治、文化上的变化使得企业的市场环境与商业模式受到极大的影响，催生出新的组织结构，员工管理模式也随之改变。一个明显的趋势就是，当今不少互联网企业是用户需求驱动的，大量多样的用户需求要求企业快速捕捉响应，这促使企业将组织结构由传统的三角形金字塔结构转变为倒金字塔结构的平台型组织，让员工无限接近、感知市场环境与用户思维；同时企业管理更为扁平化，管理层次减少，基层团队、员工被赋予决策权力。这种趋势对绩效管理带来的影响体现在员工的工作目标更加灵活，即时获取反馈的需求更加强烈，考核方式需要更加客观与公平等。

传统绩效管理并不能很好地满足新趋势带来的要求。传统绩效管理在年初根据战略制定目标与计划，年中或年末主管对员工的总体工作结果是否达成目标进行考核，再由考核结果决定绩效反馈和奖金发放。虽然传统绩效管理也注重实时的反馈和监督，但时间、精力和技术限制了其频率与效果。总的来说，目标修改的困难、考核的主观和反馈、激励的滞后这些不足促使传统绩效管理进行转变。数字化变革便是目前的一个主流方向。

第二节　数字化绩效管理

一、数字化绩效管理的概念

在本章节中，我们将数字化绩效管理定义为通过构建数字化系统来进行的绩效管理举措。包括但不限于数字化记录绩效目标、实时跟踪监督绩效活动、快速获取绩效指标数据、准确客观评估绩效指标、即时反馈和智能化辅导来改进组织与员工的绩效水平；此外也包括循证式绩效管理，比如运用大数据分析、机器学习、文本分析等新技术对企业内外部与绩效有关的数据进行分析，为绩效管理相关的决策提供数据支持。

数字化绩效管理的逻辑与传统绩效管理类似，包括计划、监控、考核、反馈、改进这些基本过程。在此基础上，新技术与循证性管理思维对绩效管理进行重新赋能，使其更加适应新时代组织的需求。数字化绩效管理的特点体现在以下四个方面：

第一，敏捷，实时沟通与快速反馈。

第二，客观，绩效数据自动化获取，多主体多维度考核。

第三，严谨，基于数据分析的绩效管理决策。

第四，智能，针对反馈与数据分析结果，个性化绩效辅导与改进。

二、数字化绩效管理的流程与技术

（一）数字化绩效计划

绩效计划是绩效管理的起点。将企业战略分解为具体目标后，落实到岗位与个人上，经过沟通后确定本周期（一般为一年）内每一位员工需要完成的工作以及方式。这种制定目标的方式虽然有助于战略的落地，但是在灵活程度上有所欠缺。在绩效计划这一环节的变革需要立足于"敏捷"，当员工面对快速变化的市场而需要做出工作上的调整时,组织应给予一定的自主权与即时反馈的沟通渠道,和员工迅速达成共识并记录。这需要数字化绩效系统的支持。

美国通用电气公司(GE)的绩效管理变革始于2015年。在此之前的三十多年,GE的员工绩效管理一直遵循前首席执行官(CEO)杰克·韦尔奇所发明的"活力曲线""强制分布"和"末位淘汰"。在20世纪八九十年代,GE通过这些管理措施极大地激励了员工,成功地将组织从机构臃肿、效率低下等问题中解放出来。然而,面对如今快速变化的时代以及新生代员工,GE发现年度绩效考核无法跟上外部市场的节奏,"强制分布""末位淘汰"使得员工更多地关注自身而不是团队合作。自2015年,GE便对绩效管理进行大刀阔斧的改革,放弃一年一度的考核与"强制分布",推出一款名为PD@GE (Performance Development at GE)的应用程序(App)进行绩效管理,助力GE全球数字化工业公司的企业定位。在PD@GE上,员工制定近期工作目标清单与优先顺序,公开给经理以征求反馈。经理和员工可以通过文字、图片、音频等方式共同商讨以促进目标的确定与实现,并在期末对目标的完成情况进行回顾。该系统通过透明与持续沟通,使得绩效计划更加灵活。

(二)数字化绩效监督与辅导

在这一阶段,管理者需要对员工的工作进行监督,及时发现问题并予以辅导、解决,从而推动绩效目标的达成。

绩效监督可以从员工的行为与态度入手。以往的监督主要通过管理者的实际观察进行,并不能全面、细致地反映员工的工作状况。有效的绩效监督需要管理者能够获取大量、实时、客观的相关数据并进行分析。分析结果同时也能为日常绩效辅导提供支持。管理者自身也有繁重的工作任务,为节省精力,组织需要为其提供便捷的数据获取方式。数字化绩效管理系统便是有力的助手。

1. 对行为进行监督

员工行为可以反映工作的效率。统计机构Gartner于2018年的一项调查结果显示，全球有22%的组织在记录员工在工作场所的活动数据，包括但不限于对工作电脑的使用、邮件、日程等数据进行监控。社交网络分析也可以用于分析组织或团队内部成员的互动情况，有助于确定时间任务分配是否合理、有无员工"搭便车"或者"被孤立"。社交网络分析的数据来源可以是邮件互动、日程记录等。团队之间的日程安排透明化、共享化也可以方便管理者或同事对员工的工作进行监督，同时促进协作以及工作效率。

除此之外，行为数据的获取还可以通过可穿戴设备、工作场所设备等传感器获取，从而进行实时监督。全球零售巨头沃尔玛为收银员开发了一套根据包装袋的声音和条形码的扫描速度等数据判断工作效率的系统。在极为注重效率的企业，员工行为数据决定绩效考核结果甚至裁员对象。在亚马逊，仓库的拣货员的绩效是计件制的，每小时最低需要包装120件。工人手腕上戴着计步器，用于监督从货架上挑选、包装物品的速度。基于这些行为数据，系统自动生成工作效率报告并发送至员工邮箱，若效率不佳则会发出警告或终止劳动协议。亚马逊自动监控系统还可以监督员工是否在"摸鱼"，即"time off task"。若员工长时间未投入工作，系统会发出警告。

2. 对态度进行监督

以往组织获取员工的工作态度相关信息主要通过领导同事自身感受与问卷调查。前者较为主观，后者多为一年一度的大规模调查，较为烦琐且滞后。日常的交流会反映员工态度，文本分析这一新技术可以用于挖掘邮件等工作相关的电子文本内的信息。通过文本情感分析技术识别和提取文本中积极或消极的情绪，系统可以达到对员工态度进行监督的目的，进而通过各种方式保持员工的积极情绪或减少不良情绪。

（三）数字化绩效考核与评估

在绩效管理中，考核与评估可以说是最为重要的一环。传统做法是，在绩效管理周期结束后，管理者依据期初制订的计划，以双方商定好的绩效指标为标准，对员工的工作行为与结果进行考核。这种做法在敏捷性和客观性上有一定的欠缺，不能很好地满足组织的动态需求，数字化变革有很大的必要性。

1. 传统绩效考核的缺陷

（1）主观性偏差

考评主体（即评估者）所带来的主观性偏差是影响绩效考核结果准确程度的重要因素。主观性偏差主要来源于以下两个方面。

一是归因方式。对他人绩效进行评估实际上是一种认知过程，会受到评估者自身的归因方式的影响（Gibbons & Kleiner, 1993）。评估者在一个考核周期内，通过筛选、观察和组织被评估者的绩效信息，来回忆其的绩效行为，形成一个整体的评估，其本身就是一个主观性很强的过程。晕轮效应（对某一方面过于看重而影响其他方面的评分）、近期行为偏差（看重近期行为而忽略整体行为表现）、首因效应（看重第一印象）是影响绩效评估准确性的典型归因偏差。

二是被评估者的个人因素。评估者对于被评估者性别、年龄、学历等个人特征而产生的偏见会对绩效评估的准确性产生不良影响。评估者与被评估者的人际关系也会有一定程度的影响。已有研究者指明，上司如何因人际关系而夸大表现不佳下属的绩效水平（Varma, Pichler & Srinivas, 2005）。

主观性偏差会导致绩效评估结果的不准确，从而影响后续薪酬发放、晋升、培训等一系列人力资源管理活动，造成付出与回报的不对等，这对组织和员工个人来说都是一种伤害。员工在绩效评估过程中所感知到的不准确与不公平性，会降低员工对绩效管理系统甚至组织的信任感与满意度，从而产生不良的后果。研究结果显示，只有当员工信任绩效评估系统，才会对后续的绩效反馈做出积极的反应，从而采取行动努力改进绩效（Briscoe & Claus, 2008）。

（2）考评过于滞后、烦琐

现有的绩效考评周期多为一年或半年，周期过长，着重对员工过往的工作进行总结，而非对未来的发展进行展望。考评不仅仅是定薪、晋升的依据，更是一种激励，一种"组织考核什么，就是希望员工做什么"的默契合意。滞后的考评并不能起到即时激励的效果。然而，由于绩效考核是一件烦琐的、需要整个企业上下共同开展的工作，如果一年要进行多次绩效考核，也会影响业务的开展。这样看来，目前的绩效管理系统因无法简化考核过程，必然会存在考核滞后的问题。这便是新技术的切入点。

2. 绩效考核的数字化实践

（1）科学化360度评估

上司对下属的绩效考核往往带有很强的主观性，360度评估的引入让员工受到上司、下属、同事、客户等多元主体的评价，使考评结果更加全面与客观。但现行的360度评估的信息化水平不高，考评主体往往由上级或人力资源专员（HR）选择，且针对不同的考评主体设计不同的问卷过于麻烦难以操作，反而降低了360度评估的有效性。百度在人力资源大数据方面的创新实践"才报"系统实现了更加科学化的360度评估——"同事（Peer）推荐"。"才报"系统通过分析百度内部沟通工具数据，如沟通时段、沟通频次、附件大小等，进行数据建模与机器学习，从而计算出10个与被评估者工作关系紧密的员工以供上司或HR参考选择。通过数据决定考评主体使得客观性与准确性更强。

绩效数字化平台同时也可以使360度评估更加便捷。针对不同类型的考评主体，自动发放不同的问卷，评估者在一定时间内完成后提交，系统对评分进行统计。这样可以突破地理距离限制，减少主管或HR花费在联系、寻找评估者的时间与精力，同时提升精准度与保密性。

（2）结构化工作日志

工作日志是员工对于日常工作的记录，主要包括今日工作完成情况、工作中遇到的问题、如何尝试解决问题、明日计划等内容。工作日志旨在帮助员工养成良好的工作习惯，并方便团队了解工作分配与进度。目前，许多企业都将工作日志嵌入办公自动化系统（OA）中。从绩效管理的角度看，数据化工作日志不但有助于实时绩效监督，而且其中所包含的大量工作信息也是绩效考核的依据。德尼斯和彼得斯（DeNisi & Peters，1996）等研究者建议企业运用结构化工作日志减少由回忆绩效信息带来的主观性偏差。相较于非结构工作日志，结构化模板便于后续对绩效数据的提取、清洗、分析，并简化、规范员工的工作记录，使其更专注于工作本身而不是日志的写作。

(四)数字化绩效反馈与改进

1. 绩效即时反馈平台

反馈的目的是让员工认识到自己真实的绩效水平、有待改进之处以及组织的期望。反馈着眼于未来，需要持续不断地进行以保证绩效的提升与改善。美国顶级户外运动品牌Patagonia的首席人才官迪恩·卡特（Dean Carter）通过数据证明，员工与直线经理沟通越频繁，绩效表现越好。有效的绩效反馈应该贯穿整个工作周期，而不是仅仅在考核之后进行；应该是与员工有密切工作联系的人都能提供反馈，而不仅仅由上司或HR提供反馈。构建绩效即时反馈平台，由组织网络分析（类似上文提高的360度考评主体选取方法）推荐合适的给予或索取反馈的对象，同时可以通过积分制来激励员工给予反馈，来达到持续的沟通。

2. 基于数据分析的绩效改进

绩效改进并不只是指出员工目前绩效的不足之处，而是要细化控制点，给出针对性的解决途径，如基于员工的问题智能推送匹配的在线培训课程。更高层次的绩效改进不局限于表面，而是深入挖掘影响员工及组织绩效的各种因素，分析导致员工绩效水平差异以及组织绩效不佳的原因，根据数据分析结果提出改进建议，实施具体措施并衡量改进效果。

行为与绩效分析（Behavior & Performance Analysis）是一种揭示何种行为能够有效实现组织目标的分析方法。交流是衡量行为的工具之一。利用文本分析技术，对电子邮件、社交媒体、内部网、数字文档等即时数字通信源中的信息，使用专门设计的行为分析模块进行日常分析，测量个人（匿名）、团队、组织层面的行为。进而分析行为与团队KPI、组织KPI的相关性，从而揭示行为对绩效的影响。

具体做法如下：第一步，通过系统获取电子邮件、社交媒体、内部网、数字文档等通信数据以及KPI数据，数据的时间跨度在3年以上以保证统计的可靠性。第二步，按照类别（如数据来源）建立数据子集，数据按时间轴排列。第三步，对数据进行筛选与评估，剔除姓名创建匿名数据集。第四步，基于提出的问题，运用合适的语言模型组合处理相应的数据集，提取行为数据，并使用不同的数学建模技术进行分析。第五步，解释结果，并制定干预措施。

某家饮料公司的比荷卢分部运用行为与绩效分析来探究经营问题。该公司面临的问题是缺勤和员工离职增多，但毛利润率水平却呈上升趋势。不同于一般公司满足于良好的财务业绩，该公司十分关心缺勤率和离职率上升的原因和后果。选取公司内部36个月所有公告栏交流、会议记录、销售报告进行行为与绩效分析，得到三个结果：在该公司中直接领导更为有效；公司内部对于不同的领导风格缺乏足够理解；如要转变领导方式，则需要员工和团队发展共同配合。该公司综合目前情况，对分析结果进行了如下解释：领导风格正在从直接领导逐渐转变至参与式领导，但是目前的组织构型（configuration）决定了直接领导更为有效，领导风格的转变为员工带来了压力和不确定性。在此之后，公司对领导力和员工进行培训与开发，将领导模式聚焦于直接领导，同时结合员工和团队发展形成一个更为可控的过程来发展领导力。采取措施之后，该公司财务绩效水平（毛利率和销售量）大幅度上升，且缺勤率和离职率下降。

三、数字化绩效管理系统的搭建

上文介绍了针对绩效管理各环节，数字化变革的具体技术以及最新实践。在这一小节，本书试图为如何搭建数字化绩效管理系统提供一个基本思路，并附以案例，方便企业对数字化改革步骤有一个初步的了解。

(一)第一步：明确必要性

企业首先应该思考清楚，基于目前情况是否有必要进行绩效管理数字化改革，即解释"为什么"。可以从战略和组织结构这两个方向来衡量数字化绩效管理与企业的匹配程度，并明确企业希望解决的问题。

明茨伯格的5P模型认为战略即计划（Plan）、计谋（Ploy）、模式（Pattern）、定位（Position）、观念（Perspective）。应判断数字化绩效管理能否帮助企业实施计划、打垮竞争对手、明确市场定位，是否与既定经营模式、价值观文化相合。如果与战略并不是完全匹配，则暂时没有必要搭建数字化绩效管理系统，而是从点入手，分析现有绩效数据进行决策，优化绩效管理环节。

从组织结构来看，层级较少、较为扁平化的组织更容易实现实时沟通与反馈，倒三角形组织的员工直面市场、赋权更多，对敏捷绩效的需求更大，这些情况都比较适合建立数字化绩效管理系统。传统科层制则应该先进行组织结构方面的调整与改革，才能满足数字化绩效系统的运行条件。

企业希望通过数字化绩效管理解决什么问题？灵活的绩效计划、实时的绩效监督与反馈、客观准确便捷的绩效评估、针对性的绩效辅导与改进、挖掘影响组织与员工绩效的深层次影响因素等等，都是数字化改革的目的。

(二)第二步：获取需求，设计功能

如果把数字化绩效管理系统当作一个产品，产品的设计需要了解用户的思维。该系统的用户是组织、员工以及管理者。首先应该明确企业战略、组织结构对系统的要求。其次系统的主要目的是对员工的绩效进行数字化管理，所以员工的意见非常重要。让员工参与系统的设计过程会增加绩效管理的透明度，提高员工满意度和对公平的感知程度，使其能够更加积极地接受评估结果与反馈，从而正向影响工作绩效。可以通过分析员工在企业内外部对绩效的意见与建议来设计系统。内部主要通过进行问卷调查与访谈获取，也可以从以往的反馈和内部论坛发帖评论等已有的信息中挖掘；外部主要通过对员工发表在脉脉等（职业）社交媒体上的言论进行分析。管理者的需求获取方式与员工类似，在获取内容方面强调如何对员工的绩效进行更好的管理。

在获取需求并对其进行分析聚类后，明确系统需要实现的具体功能，并尽可能地补充完整与细化。

(三) 第三步: 技术实现

根据设计好的系统功能和企业目前的数字化水平，决定是否建立新系统或与已有企业管理系统合并。若建立新系统，则在具体功能之上还需要设计完整的系统结构层次，建立新数据库，将以往绩效数据进行迁移，同时连接工作系统的数据库。如果企业的数字化管理比较完备，可以将绩效管理功能加入现有的管理系统中。在IT部门支持下，通过技术实现绩效数据输入、存储、调取、分析、可视化展现。同时确定是否需要对工作场所进行设计以方便某些数据的获取，比如配备可穿戴设备、环境监控设备、虚拟现实设备等。

(四) 第四步: 推广系统运用

在着手搭建数字化绩效管理系统时，企业应该提前告知员工，让其做好心理准备；系统搭建完毕，经过测试能够稳定运行后，应通过多种方式大力推广，以保证其融入员工的工作。首先向所有员工邮件发送操作手册，同时管理层召集部门或项目负责人讲解该系统对于绩效管理的重要性与先进性，通过负责人传达至员工。在实操层面，系统应内置解释说明，便于操作。率先使用覆盖率达到一定标准的部门或团队，将有另外的绩效奖励，以此鼓励新系统的推行。同时，绩效评估只能通过该系统进行，提高员工对系统的重视程度。

(五) 【案例】IBM绩效管理系统改造

2015年，IBM的业务发生重大转变，开始向人工智能、大数据、云计算服务转型。工作模式也从强调效率转向强调创新与对市场需求的快速反应。IBM意识到原有的绩效管理过于僵化迟缓，已经不适合新的工作模式了。公司急需一套敏捷、灵活的数字化绩效管理系统来帮助员工制定短期、可修改的工作目标并获取即时反馈，从而促进绩效和能力水平的提升。

IBM在进行系统改造前，首先调查了公司上下对于原有绩效管理系统的意见。IBM首席人力资源官黛安·格森（Diane Gherson）通过圆桌会议和调研，了解到员工对于原有的绩效管理系统普遍不信任，而公司高层则持相反意见。格森花费了一年的时间，向公司高层阐述绩效管理系统的数字化对于公司业务转型的重要性，最终赢得了高层的支持，这为后续系统改造的进行提供了很大的帮助。

随后，人力资源部门充分考虑员工的需求，向170个国家共38万名员工征求对绩效管理系统改造的建议。格森在IBM内部社交平台Connections发布意见征求的第一篇博文后，在几个小时内，共有7.5万名员工浏览，其中1.8万名员工留言给出详细的建议。人力部门运用IBM Watson文本分析工具对员工建议进行分类，在两天时间内迅速写成第二篇博文发布。该博文列举出员工的喜爱和讨厌的元素，更有针对性，又引起了广泛讨论。多次下来，使员工对绩效系统的要求逐渐明晰。在具体的开发过程中，邀请员工对原型进行测试并提供反馈，并把建议纳入下一次开发中。员工的全程参与增强了对新系统的认可与信任。新系统"Checkpoint"于2016年初正式上线，符合员工的期待，该系统废除了绩效排名，增加了绩效持续反馈以及年中修改工作目标的权限。新系统将绩效评估标准分为业务结果、对客户成功的影响、创新、对他人承担的责任、专业技能这五个维度，充分重视绩效与个人能力的提升。为保证新旧系统的顺利交替平稳过渡，人力资源部门举办了多场宣讲会进行讲解，并积极听取员工反馈。新系统上线后，员工工作积极性得到了激发，敬业度也提升了20%。

四、数字化绩效管理的总结

为方便读者对本节内容有更直观的了解，我们选取数字化绩效管理需要关注的一些典型定量指标，将其整理成表（见表6-1）。这些定量指标根据对应的对象，大致分为企业和员工两个层次。需要关注的指标既有传统指标，也有随新兴的技术而产生的新型指标。

表6-1 数字化绩效管理需关注的典型指标举例

层次	属性	名称	含义	测量及计算方式
企业	财务	资产负债率	企业偿债能力	负债总额/资产总额
		主营业务利润率	企业盈利能力	利润/主营业务收入净额
	客户	顾客满意度	顾客对企业产品的态度	问卷量表测量
		市场份额	市场占有率	产品销售额/市场同类产品总销售额
员工	绩效监督	工作行为	工作行为效率	电脑使用时间、邮件发送频率、通过可穿戴设备等传感器获取的行动数据
		工作态度	工作情绪状况	对工作相关的文本数据进行情感分析
	绩效考评	考评依据	绩效数据是否有明确来源	工作日志中提取的绩效成果/绩效目标
	绩效反馈	反馈沟通	与领导沟通的频率	邮件、即时通信沟通频率
	绩效改进	绩效排名	相对绩效水平	同部门绩效得分排名
		改进力度	进行绩效改进的重要程度	未完成绩效任务/绩效目标

如果将绩效管理作为一个整体来看，数字化变革本身的优点在于前面所总结的四点：敏捷、客观、严谨、智能；如果将人力资源管理作为一个整体，绩效管理作为这个整体的核心来看，数字化绩效管理的优点在于其为招聘、薪酬、培训等其他模块的实施提供更加精确的依据。例如，对员工绩效行为的追踪、绩效考评的客观有利于进行工作分析，建立更加完整可靠的任职资格体系以助力招聘与晋升；对员工绩效考核结果的分析与反馈可以与针对性的培训相结合等。其在人力资源管理中的重要性使得数字化变革产生辐射性作用，带动其他模块更好地运作。如果站在更高的层次、以更长远的眼光来看，绩效管理的目标是帮助员工和组织取得最佳的绩效表现，以达到共同的增长与发展。

企业绩效管理数字化变革并不仅仅是人力资源部门的变革，更是整个组织层面的变革。数字化绩效平台的构建、绩效管理数字化的推行都需要组织的各个部门出力、配合、落实，离不开组织管理层的大力支持。企业在进行或者想要进行绩效管理数字化改革时，需要对以下三个问题进行充分思考：

第一，企业战略是否真的需要数字化绩效管理支撑？

第二，企业目前是否有足够的预算及精力建设数字化绩效管理系统？

第三，在企业各层推行绩效管理数字化变革的阻力有多大？

管理层需要真正认识到绩效数据的管理与分析对于组织决策的重要性，将数字化变革上升到战略层面，而非单纯追求最新实践，才能保证绩效管理数字化改革的效果。

第三节　激励理论、模型与方法

如何激发员工的动机，使其做出符合组织期望的行为，促进组织绩效的达成是一个关键的管理问题。好的激励机制不但能使员工很好地完成组织任务，还能激发潜能、超越自我，自发地为组织和自己创造更大的价值。本节主要介绍经典的激励理论、基于理论的模型以及激励的具体方法。

一、激励理论

20世纪初，西方管理学界普遍持"经济人"假设（即X理论），认为人天生懒惰，只要条件允许便会消极怠工，所以企业需要通过"胡萝卜加大棒"的方式，对员工施加经济报酬来诱发其工作动机，并加以严格的监督与惩罚，来迫使员工努力工作。泰勒于1895年所提出的差别计件制便是典型的金钱激励手段。20世纪20年代末30年代初，梅奥"霍桑实验"的结果却显示，人应当是"社会人"，金钱刺激并不是工作唯一的动力，社会交往、社会认可等社会需要才是主要的动机来源（吴云，1996）。

在梅奥研究结果的影响下，管理学界开始考虑如何通过满足员工的多种需求进行激励。这类激励理论主要研究人的需要以及满足方式，属于内容型激励理论，包括马斯洛的需要层次理论，奥德费的生存（Existence）、相互关系（Relatedness）、成长（Growth）三核心需要理论（简称ERG理论），麦克莱兰的后天需要理论以及赫茨伯格的双因素理论。

马斯洛（1943）认为，人的需要从低到高可以划分为生理需要、安全需要、社交需要、尊重需要、自我实现需要这五个层次。每个人都有这五个层次的需要，当低层次的需要被基本满足后，下一层次的需要才会成为主导的动机，所以管理者应该了解员工目前处于什么需要层次，通过满足该层次及以上的需要才能达到激励效果。

奥德费的ERG理论思路与马斯洛类似，认为人的需要主要由生存需要、关系需要、成长需要构成。与需要层次理论不同，ERG理论认为多种层次的需要可以同时产生动机，这更符合实际现象（Alderfer, 1972）。

麦克莱兰的后天需要理论的侧重点在于主导行为的需要并非先天本能，而是后天习得的。其将人的主要需求划分为成就需要、权力需要和归属需要（McClelland, Atkinson, Clark & Lowell, 1953）。后天需要理论有助于解释个体在激励需求方面的差异性。

赫茨伯格（1959）的双因素理论将影响人们行为的因素分为激励因素和保健因素。激励因素主要是工作本身的因素，如工作带来成就感与认可、挑战性，工作内容及性质等；保健因素主要是工作本身以外的因素，如工作环境、管理政策、薪金等。双因素理论认为，不是所有需要被满足都能调动员工积极性，只有激励因素可以。保健因素做得不好，会引起强烈的不满，做得好也只会让员工"没有不满意"，而非满意，所以保健因素并不能提高积极性。双因素理论中所提到的具体因素是赫茨伯格基于自己调查的结果，事实上同一因素在不同情景下性质也会产生变化。比如薪金这一因素，基本工资属于保健因素，绩效工资或奖金则属于激励因素。

随后，学界对激励的研究转向了对激励过程的探索。过程型激励理论主要研究动机的产生以及从动机产生到采取具体行为的心理过程（郭惠容，

2001），包括弗洛姆的期望理论、目标设置理论、亚当斯的公平理论。期望理论（1964）认为动机的强弱受到两个因素影响，一是个人对目标实现的价值判断，即效价；二是个人对目标实现的可能性估计，即期望值。期望理论可以表达为：激励强度=效价×期望值。当个人认为目标的价值越大，目标越有可能实现，就越有动机去做出行为。联系到工作层面，效价指报酬是否对员工有价值，期望值指通过自身努力达到绩效要求的可能性与达到绩效要求后获取报酬的可能性。企业可以通过提高员工效价和期望值来进行激励。

目标设置理论强调目标应有一定的挑战性，并尽量明确。管理者应当与员工针对目标进行商讨，以保证员工内心对于目标是接受的，这样才有利于目标的实现（Locke, 1968）。亚当斯（1965）的公平理论从报酬的角度入手，提出报酬能否起到激励作用取决于人所感知到的公平，而并非报酬的绝对值。员工会将现在投入与获得的比值，与他人投入与获得的比值，和以往自己投入与获得的比值进行比较。在横向比较和纵向比较后，比值如果大于他人或以往自己的比值，都会让员工产生不公平感，进而挫伤积极性。

二、激励模型

（一）波特-劳勒综合激励模型

期望理论的基本观点是，动机的强度取决于员工对报酬价值以及获取报酬的可能性的衡量估计。这建立在个体完全理性与信息获取充分的假设前提下，较为理想化。美国行为科学家波特和劳勒在期望理论的基础上，加入影响工作绩效的其他因素，并补充了反馈路径，提出了一个综合内容型激励理论与过程型激励理论的模型（如图6-1所示）。

波特和劳勒认为，工作绩效同时受到努力程度、能力、工作条件与环境、个体对组织目标的理解等因素的影响。员工完成工作任务后，获得工作本身给予的内部报酬以及组织给予的外部报酬时，并不会立刻产生满意的感觉。如果员工认为所得的报酬比应得的报酬少，那么即使报酬绝对量可观，员工也会产生不公平的感觉，进而削弱满意感以及下一次工作的动机（Porter

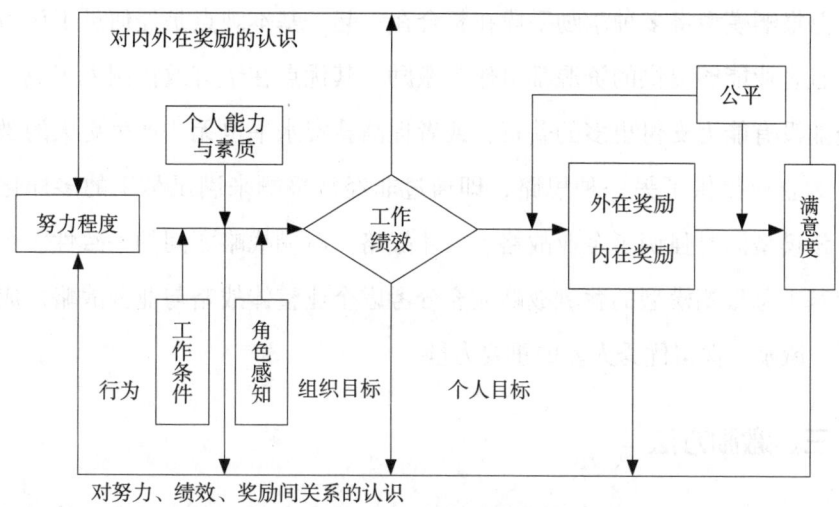

图6-1 波特-劳勒综合激励模型

资料来源：陈光潮,邵红梅.波特-劳勒综合激励模型及其改进[J].学术研究,2004(12)41-46.

& Lawler, 1968）。波特-劳勒综合激励模型对于实践的启示在于，满足员工需要并不一定能激励员工努力工作，员工努力工作也不一定会带来高绩效。组织采取激励手段时，首先应该做到人岗匹配，创造有利于员工工作的条件与环境，并与员工充分沟通使其了解组织目标，让员工能通过自身努力达到绩效。其次，应保证组织奖惩公平，使员工获得公平合理的报酬，在横向和纵向、绝对和相对比较中都感知到较高水平的公平感，提高满意度，进而激发继续努力的意愿，形成良性循环。

（二）总报酬模型

总报酬模型由美国薪酬协会（WAW）于2000年初提出并于2006年改进。传统的薪酬模式基于货币和实物报酬，WAW在此基础之上将工作体验纳入，形成了第一个总报酬模型。该模型由薪酬（狭义）、福利和工作体验构成，其中工作体验包括赞誉和赏识、工作-生活平衡、组织文化、职业生涯发展、工作环境。在2006年，WAW将工作体验细化为工作-生活平衡、绩效与赏识、个人发展与职业机会，并将这三个部分与薪酬和福利并列，提出一个新的包含五个要素的总报酬模型。

总报酬模型将多种激励手段在整合在一起,基本观点是任何员工认为有价值且企业能够提供的资源都可作为激励。其优点在于有效控制人工成本,在企业没有能力支付更多的薪资,或者提高薪资水平也无法产生更大的激励时,为企业提供了另一种思路,即通过非经济报酬来满足员工的多样化需求。该模型同时强调了企业战略、人才战略、薪酬战略之间的一致性。企业制定基于总报酬模型的薪酬战略应充分考虑企业整体战略与业务战略,成为吸引、激励、保留优秀人才的重要力量。

三、激励方法

随着总报酬模型在实践领域的推广,企业结合多种激励手段,给予经济报酬和非经济报酬结合,满足员工多样化、个性化的需求。

(一)经济报酬

经济报酬也称为物质激励,是最主要的激励手段。企业可以通过绩效加薪、奖金、持股计划、期权等方式激励员工获得更好的绩效。绩效加薪是指基本工资随着绩效水平的提升而增加,俗称"涨工资"。绩效加薪一般来说是永久的,在以后的时间,无论绩效怎么波动,这部分钱都会发给员工(除非绩效表现变得特别差)。奖金则是一次性给予的现金奖励,通常所说的绩效工资(即每月出基本工资以外、给予本月绩效水平的工资),以及项目奖金、年终奖都是奖金。

绩效加薪和奖金是对员工过去绩效表现的回报与奖励,属于短期激励。而长期激励是基于利润分享,将员工收益与企业未来的绩效绑定,促使员工更努力地工作。员工持股计划是指企业允许员工以约定价格认购公司股票,从而获得参与公司管理以及分红的权利。股票期权激励则主要针对企业高管和核心人才,期权合约写明员工可以在某一具体时间以一定的价格认购一定数量的公司股票,员工接受该期权后,则会有强大的动力提高业绩与股价,因为只有这样,认购股票后卖出才能获取差价收益。然而在中国,对企业股票交易管理较为严格,且操作上也比较麻烦,所以"虚拟股票"应运而生。

获得虚拟股票的员工可以享受分红权与股票增值权，但是没有投票权与表决权，不可出售转让，在激励员工的同时保证了股东对企业的管理控制。华为的时间单位计划（TUP）则是一种更为创新的方式。TUP需要购买，但有时间期限，以5年期TUP为例，分红权与业绩挂钩，达到要求后会逐年解锁一定百分比。第一年没有分红权，第二年解锁1/3，第三年解锁2/3，第四年、第五年全部解锁，五年到期时结算增值权益并清零。这样既可以激励员工，也能防止员工拿到分红权就懈怠，"躺在功劳簿上睡大觉"的现象发生。

福利方面，企业为员工购买额外商业保险以及支付非工作时间报酬（带薪休假）以作为现金报酬的补充是较为常见的激励手段。

（二）非经济报酬

非经济报酬是指工作给予的心理层面的回报。企业可以通过帮助员工实现工作-生活平衡、给予多方面的认可、提供个人与职业发展的机会等方式进行激励。

在平衡工作与生活方面，企业可以提供弹性工作制，并对员工的个人生活和家庭给予关心。阿里、京东幸福企业的概念便是优秀的例子。阿里为员工提供低于市场价的购房福利与免息贷款，并为员工父母安排每年一次的体检。京东为保障集团员工子女教育，牵线人大附中新校区落户北京亦庄开发区；员工若在任职期间遭遇不幸，公司将负责其子女22岁之前的学习和生活费用。

认可是对员工的贡献给予积极的关注与评价。即使最简单的表扬，也会使员工意识到自己所从事的工作是有价值的，从而产生满足感与自我效能，增加工作积极性。可以通过多种正式和非正式的方式给予认可，如口头表扬、公开表彰、给予荣誉称号等。

当今社会，员工都希望在职业中获得成长，以增加竞争力。企业为员工提供培训、导师制辅导、在职学习等机会能够有效提升员工知识技能与绩效水平，并给员工传达重视人才的信号。同时，完备的晋升通道能够为员工提供职业发展的目标与希望，激励员工向上进步。

第四节　数字化与员工激励

数字化时代，员工激励更加强调精确性与有效性。相比于只根据企业预算或者外部市场价格付薪的做法，通过分析内部员工需求与特性，结合企业战略与外部市场，根据数据分析结果制订员工激励计划显得更为合理。物质、精神激励相关的数据，量多、复杂、不易获取，以往企业即使有心但也无力。大数据、云计算等新技术的蓬勃发展很好地解决了数据获取、挖掘、分析这一问题。同时，数字化平台、人工智能等新技术使得企业能够更加便捷、即时地给予员工多样化与个性化的激励。数字化与员工激励结合的特点在于，激励计划从企业单方面的决策转向企业与员工双方共同决策，并通过更加数字化的方式进行。

一、基于数据的薪酬战略

(一)基于数据的薪酬战略的概念与操作

在企业制定整体战略后，应确定什么样的员工才能帮助战略实施（即人才战略），并提供什么样的薪酬才能吸引、激励、保留这些人才，这就是薪酬战略的基本思路。薪酬战略主要包括薪酬支付依据、水平定位、组合结构、管理模式等方面（曾湘泉，2014），这些都有必要基于数据进行决定。判断薪酬是否有激励作用可以基于外部和内部两个视角。

从外部视角来看，薪酬的竞争力体现企业提供的薪酬整体（货币收入综合）水平高于市场标准，薪酬组合方式合理，这需要企业获取同类人才薪酬水平与组合方式的大数据进行分析，得出最适合的水平区间与最优的组合方式。

从内部视角来看，基于何种要素确定员工薪酬、各员工薪酬等级与差别和薪酬管理模式都是影响激励效果的重要原因，应充分考虑企业战略与目前的组织、人员情况。薪酬若想起到激励的作用，首先应当满足公平，下一步才是提高积极性。基于能力和绩效付酬，应当准确地评价员工的能力与绩效，如建立胜任力模型、进行数字化绩效管理。薪酬结构方面，可以探究企业内部薪酬等级的数量、不同薪等之间的差距对员工公平感知以及工作绩效、满意度、敬业度、离职率等多个重要变量的影响及原因，从而设计更加合理的薪酬结构以及涨薪标准。薪酬管理模式方面，可以分析员工的需求与企业管理氛围，考虑是否让员工部分参与薪酬内容的决定，秘薪制与否等。

（二）基于数据的薪酬战略的实践运用

大多数企业进行薪酬数据分析来帮助薪酬战略的制定与优化，薪酬诊断是其中一种比较前沿的实践。薪酬诊断是通过数据分析，发现企业薪酬方面存在的问题和薄弱环节，深究问题产生的原因，并提出解决方案。谷歌的人力团队在每年调薪正式落地之前，都会进行薪酬诊断以确保公平和激励。为避免性别歧视问题，人力团队使用回归分析法测量性别是否会对薪酬水平产生影响，同时将员工部门、绩效、工作年限等作为控制变量加入模型。2019年3月，谷歌的人力团队通过薪酬诊断发现，针对软件工程师这一职位，支付给女性员工的薪酬要显著高于男性员工。分析结果出来后，谷歌在内部博客将事实告知员工，并迅速为10667名受到影响的员工支付共计970万美元的补偿，保障了员工的权益。

二、游戏化激励

（一）游戏化激励的概念

互联网浪潮下走入职场的新生代员工，是电子游戏伴随着成长的一代。在游戏中，玩家聚精会神地解决困难，冲击每一个关卡，兴奋地看着积分、徽章的增长与排行榜上自己的账号（ID），全然忘记时间的流逝与精力的消耗，获得极大的精神满足。这种游戏中展现的积极状态不禁使人思考，如果工作也能像游戏一样让员工完全投入，那么工作完成会相当高效，员工本身也能获得极大的乐趣。游戏化管理便是在这种思潮下诞生的。

游戏化指将游戏的设计元素运用到非游戏场景，以激励某一类行为的产生（Deterding, Dixon, Khaled & Nacke, 2011）。"游戏化"这一名词的正式提出在2010年。如今，游戏化已经被广泛运用于商业活动中。在商业组织中，游戏化的应用有两个方向，一是增加客户黏性，二是激励员工，后者就是游戏化管理的目的。在工作中加入游戏元素，依照游戏机制对工作进行重新设计，从而增加工作的趣味与挑战感，激发员工的积极性。工作游戏化有如下特点：

1. 包含游戏元素

游戏的三大基本元素为积分（Points）、徽章（Badges）、排行榜（Leaderboards），简称PBL。员工通过完成具体工作任务或者符合企业期望的行为获取积分，积分累积到一定程度等级上升，还可用来兑换商品等福利；徽章代表员工的阶段性成就，树立员工的数字形象，满足成就需求与社交需求；排行榜展现了员工在某一方面工作的排名，传递了适度的竞争压力，激发员工的好胜心。PBL实际上是工作游戏化的奖励机制。

2. 富有趣味

人们喜爱游戏，是因为游戏本身好玩，而非仅仅追求等级、排行名次。因此，游戏化管理的本质目的是使员工体会到工作的趣味，享受工作任务的过程，而不是仅仅寄托于工作结果，即游戏元素PBL所带来的外部奖励。如果将工作任务设计得足够巧妙，足以激起员工的兴趣，产生"玩兴"，即使不具备PBL，也是属于游戏化。

3. 提供即时反馈

游戏化管理缩短了反馈的周期，每完成一项工作任务，都会有反馈信号，员工可以据此建立明确的行为与奖励之间的关系，形成正向激励。

（二）游戏化激励的理论基础与实证研究结果

现有研究对工作游戏化对员工产生激励作用的原理进行了广泛的探讨，自我决定理论（Self-Determination Theory）和心流理论（Flow）是常用的两大理论视角。

自我决定理论由德西（Deci）等学者提出，该理论认为胜任需求、自主需求、关系需求是人类的三种基本心理需求（Ryan & Deci, 2000）。工作游戏化中任务具有一定挑战性，员工在完成后会产生胜任感与成就感；游戏化给予员工更大的自主选择权，增强自我控制感；同时与其他员工的互动、团队合作满足了关系需求。

心流理论则侧重描述一种全神贯注、浑然忘我的精神状态，在这种状态下，会忘记时间在流逝，并且精神饱满、愉悦，可称之为最优体验（Csikszentmihalyi, 1991）。构成心流体验有八大要素，分别是：（1）任务可完成；（2）能够集中精力于该任务；（3）明确的目标；（4）即时反馈；（5）深入而自愿投入任务中，忘记日常琐事；（6）自我意识在进行任务时仿佛消失，但任务结束后更加强烈；（7）时间感改变。游戏机制的巧妙设计可以促使员发掘工作的乐趣并沉浸其中，达到最优工作状态。

目前学界对工作游戏化的实证研究不多，主要集中在其对员工心理层面以及工作绩效的影响（冯绚，胡君辰，2016）。在员工心理层面，游戏化会增加积极情感，提高兴趣，减少沮丧、厌烦等消极情感；在工作绩效方面，实验结果显示销售任务游戏化后销量提升明显（Flatla, Gutwin, Nacke, Bateman & Mandryk, 2011; Mollick & Rothbard, 2014; Lieberoth, 2015）。中国学者王泽宇等（2016）基于内在动力和社会嵌入理论，证实游戏化管理中员工互动与积分排行，加强了员工的网络中心性，从而促使自愿获取与学习，提升创新绩效。这些实证研究成果可作为游戏化激励的参考。

（三）游戏化激励的实践运用

目前已有大量的国内外企业通过工作游戏化进行管理与激励。谷歌为了鼓励经常出差的员工记录自己的差旅费，设计了一款游戏，在该游戏中员工所节省的每一分钱都会作为工资返还，员工也可以选择将这笔钱捐给慈善机构。美国连锁超市塔吉特将收银员的结账工作进行游戏化设计，通过积分排行榜等方式激励收银员提高结账速度与正确率。思科公司为了激励员工学习并运用社交媒体技能，对全球社交媒体培训项目进行游戏化方案改造，将等级认证分为专家、战略家、大师这三个等级，员工通过团队协作和良性竞争来完成项目获得认证。游戏化帮助思科将培训项目变得富有挑战性，显著提高员工参与的积极性，目前有超过650名员工获得所需的认证，总计学习超过12500门课程。

微软的游戏化实践使得枯燥烦琐的工作任务更富趣味性与挑战性。微软作为一家全球范围内的大公司，其各种产品在投入各地市场前都面临着语言本土化的要求，确保翻译的准确无误、通顺自然是一个巨大的挑战。微软为此设计了一款"语言质量游戏"（Language Quality Game），并在其中插入一款名为Silverlight的应用程序允许使用者查看屏幕以检查语言的准确性。微软故意加入各种蹩脚的翻译以吸引、提高员工的注意力。在此之间，大约有5000名员工查看了50万个屏幕，对基于母语的翻译进行修正。微软日本甚至专门放假一天来集中这项翻译纠错游戏，并在游戏排行榜成功排名第一。

SAP作为一家顶尖的企业资源计划（ERP）解决方案供应商，对销售代表的知识水平与对产品线的了解程度有很高的要求。SAP希望能通过游戏化帮助销售人员提高水平，进而取得更高的业绩。SAP开发了一款名为RoadWarrier的游戏化应用程序，模拟客户与员工交谈，表现良好的员工将会获得徽章，同时在排行榜上的排名上升。在该游戏中，销售人员感觉到自我控制力更强了，变得更加自信与积极，同时在模拟的真实场景又习得了知识与经验，成功地实现了目标。

国内成功进行游戏化管理实践的企业有网龙、盛大等企业。以网龙为例，不同于上述国外企业案例都是对于特定项目进行游戏化激励，网龙于2007年为公司整体管理进行了游戏化机制设计与技术架构搭建，随后不断完善。由于网龙公司的主营业务为网络游戏，所以游戏化管理设计的整体性较强，包括星级体系、积分体系、游戏化设施（苑木辛，于中江，2015）。网龙的星级分为对应职级、工龄等的基础星级与符合公司价值观行为与结果而获得的浮动星级，后者每年清零。同时辅以忠诚勋章、贡献勋章、孔夫子勋章、文化勋章等勋章元素对员工进行精神嘉奖。积分体系与工作任务相联系，具有明确的导向性与规则，员工可以通过解决悬赏系统和纠错系统的任务获取积分，任务完成积分迅速发放，积分累积可以折算浮动星级，并可以用来参与竞拍活动，获得实物商品。网龙通过游戏化方式给员工提供了"玩乐"的工作氛围，激发员工的活力与创造力。

三、数字化认可激励

（一）认可激励及数字化认可激励的概念

认可（Recognition）是指承认员工的绩效贡献并对员工的努力工作给予特别关注。企业对员工个人价值给予关注与肯定，能够满足员工的精神需要，同时企业对员工的奖赏起到了正向反馈的作用，激励员工继续朝期望的方向努力。2006年美国薪酬协会（WAW）所提出的总报酬模型中，认可是五大构成要素之一。相较于货币激励，认可激励可以在正式或非正式场合进行，口头表扬、表彰大会、证书、徽章、礼品等多种形式都可以起到认可的作用。认可激励的灵活性和即时性较强，而货币激励需要经过层层审核，具有一定滞后性。同时货币激励的成本较高，当企业无法靠薪资增长来提升员工的动机水平时，可以通过认可来达到激励的目的。

随着互联网时代的快速发展，认可激励也依托信息技术，以数字化的方式进行。数字化认可激励是指运用大数据、人工智能、机器学习等技术深入分析员工多样化、个性化的精神需求，通过信息化平台等途径更有针对性、更即时、更便捷地予以满足。不同于金钱激励的简单直接，认可激励的优点在于多样，但难点也在于此，如果不去深入了解员工需求，一厢情愿地进行认可，结果则是不仅难以起到激励作用，还会让员工觉得不被尊重。公司占用休息时间团建就是典型的失败案例。

（二）数字化认可激励的实践运用

目前企业进行数字化认可激励主要依托SaaS（Software-as-a-Service，软件即服务）平台，系统自主搭建的情况较少。厚通咨询自主研发的员工即时激励平台"微认可"是较为成功的商业产品。微认可围绕"企业鼓励什么——

员工做了什么—员工想要什么",形成"发放认可币—获得认可币—自主兑换福利"的认可链条,设计了业绩积分、文化积分、行为积分、创新积分、成长积分等多重积分体系,来对员工进行认可激励。微认可平台使用于多种工作场景:员工做出符合企业价值观的行为,被认可后能获得文化徽章;员工可以在平台上加入"战队",为团队做出贡献后获得嘉奖;获得出色业绩、提出创新方案后会在平台上得到公开表彰;员工还可以主动寻求领导的点赞认可,等等。北京科勒公司在全面推广"微认可"的半个月时间内,员工参与率达到76.9%,相互认可次数达743次,为他人点赞达52699次,成功实施创新提案105个,充分调动了员工的积极性与创造力。

拜耳中国针对中国本地员工的激励认可项目则依托CDP集团的EcoSaaS数字化平台实施。该平台基于云计算、大数据、移动社交等技术,通过点亮员工个人勋章,领导与员工、员工与员工之间的相互感谢以及其他线上互动场景,对员工进行即时反馈与认可。该平台在拜耳中国上线以来,平均每位员工每月访问23分钟,发出4张感谢卡片,员工的积极性、满意度和敬业度都有所提高,潜能也得到了激发。

四、代币激励

(一)代币激励的概念与理论基础

代币是虚拟工具,由企业自身发行,只能在企业内部使用、兑换,是正式薪酬体系外嘉奖、回报员工的一种手段。由于代币是虚拟的,基本不需要成本,企业能够错开薪酬周期随时发放代币进行奖励,故代币激励具有即时性。

代币作为正式薪酬制度的补充,能够克服物质激励边际效用的缺点。物质激励是提升外部动机水平的主要手段,同时也是对员工认可的一种信号,可以增强成就感内在动机。然而一味提高物质激励的水平会产生"过度理由效应",使得员工误以为自己努力工作是为了金钱,这样会导致员工内在动机降低,丧失对工作本身的兴趣,还会提高对金钱等物质激励的期望水平,使得企业成本上升（耿天成，李朋波，梁晗，2017）。代币不同于金钱、股权等通用的实物权益，进行代币激励不会提高对物质的期望，也不会抑制员工的内在激励；同时，代币与物质激励之间的挂钩，使得代币能够承担物质激励的一部分信号作用，提升内在动机。

（二）代币激励的实践运用

目前来看，代币激励运用并不广泛，只有少数企业正在使用。罗辑思维的节操币制度是较有创意的代币激励方式。罗辑思维是一家做脱口秀起家的知识付费龙头企业，员工百余人，组织结构扁平化，管理氛围宽松，工作需要高度自觉。节操币制度很好地解决了新生代员工的激励问题，激发了团队的活力与创造力。每名员工每月10张面值相当于25元人民币的节操币，可以用来在公司附近合作商家消费。但是节操币不能自己使用，只能公开赠送给同事并说明理由，即员工只能使用同事赠送的节操币。公司会根据记录公布每月收到节操币最多的节操王，节操王年底可获得额外3个月奖金。节操币的转赠实际上是对同事行为的认可与感谢，是一种即时的积极反馈。节操币在组织成员之间的流转，久而久之会形成一种默契合意，即哪一些行为是符合非正式规范，组织持续、自发地优化。节操王与奖金挂钩，承担了物质激励的信号作用。且对于员工来说，是否能成为节操王这件事的不确定性很大，并不会让员工产生"我努力工作是为了节操币和奖金"，避免因过度理由效应而降低内在动机。

区块链是近年来商业的热点领域，基于区块链技术的企业代币实践也逐渐进入公众视野。贝宝（PayPal）作为全球领先的在线支付服务商，为员工推出基于区块链的激励平台，使用加密代币来鼓励员工创新。员工访问内网、参加创新项目或提出创新想法即可获得代币，代币仅在公司内部与员工之间流通，可以兑换超过100种商品或体验。在国内，陕西瀛久律师事务所率先使用区块链技术，发行瀛久代币（Token），并1:1锚定人民币。绩效工作以瀛久Token的形式发放，项目在系统立项后，一旦客户支付服务费，一定比例的瀛久Token便达到律师的个人账户内，具有即时激励的作用。律师也可以通过记录知道自己的薪资构成与对律所的贡献。发表专业文章、参加讲座等建议性活动都可以获取Token，员工之间也可以流转。瀛久所支持律师随时提现的需求。这一切基于的都是区块链不可篡改的特性，使得律师与律所的信任成本降到最低。

在第四节的最后，我们将进行数字化激励的典型定量指标整理出来，以供读者关注。根据场景将指标分为薪酬决策—诊断、游戏化、认可平台、代币激励这四大类，如表6-2所示。

表6-2　数字化激励需关注的典型指标举例

场景	名称	含义	测量及计算方式
薪酬决策—诊断	薪酬水平定位	薪酬在外部市场上的竞争力	同一职级、岗位平均薪酬在市场样本中的百分位数
	薪酬固浮比	薪酬弹性	固定薪酬/浮动薪酬，数值越小薪酬弹性越大
	薪等区间	同一薪酬等级内的薪酬差异	（区间内最高薪酬/最低薪酬）-1
	相邻薪等交叉区间	晋升对薪酬的影响	上一薪等的最低薪酬-下一薪等的最高薪酬，数值为正意味晋升对薪酬的影响大
游戏化	积分	游戏化工作的参与度	工作任务得分累积
	排行榜名次	游戏化工作的完成质量	工作结果系统打分
认可平台	点赞数	被认可的程度	认可平台统计他人点赞
	徽章数	对组织的贡献程度	认可平台统计徽章发放
代币激励	代币兑换频率	代币激励有效性	已兑换的代币数/发放的代币总数

参考文献

[1] 冯绚, 胡君辰. 工作游戏化：工作设计与员工激励的新思路[J]. 中国人力资源开发, 2016(1): 16-24.

[2] 耿天成, 李朋波, 梁晗. 内生与外生动机视角下新生代员工的游戏化管理——以罗辑思维公司为例[J]. 中国人力资源开发, 2017(6): 108-115.

［3］郭惠容. 激励理论综述［J］. 企业经济，2001(6): 32-34.

［4］Kindle+数字化激励研究院. 最in思维vs传统行业：数字化激励将带来什么变革？［EB/OL］. (2019-12-06). https://mp.weixin.qq.com/s/TRu79ryZcyiAK5Halwusug.

［5］林新奇. 绩效管理［M］. 3版. 大连：东北财经大学出版社，2016.

［6］王泽宇，杨慧，孙煊婷. 从内在动力到网络中心性：游戏化管理的创新业绩实证研究［J］. 中国人力资源开发，2016(1): 25-31.

［7］吴云. 西方激励理论的历史演进及其启示［J］. 学习与探索，1996(6): 88-93.

［8］KIRON D, SPINDEL B. 重启工作，迎接数字时代：IBM如何重塑人才和绩效管理［EB/OL］. 杨冬，译. (2019-06-21). https://mp.weixin.qq.com/s/bMG592gCFYxSYaSDnzBiCg.

［9］苑木辛，于中江. 游戏化管理成功之道：网龙公司游戏化管理实践分析［J］. 中国人力资源开发，2015(24): 41-46.

［10］曾湘泉. 薪酬管理［M］. 3版. 北京：中国人民大学出版社，2014.

［11］ADAMS J S. Inequity in social exchange［M］// BERKOWITZ L. Advances in experimental social psychology: Vol 2. New York: Academic Press, 1965: 267-299.

［12］ALDERFER C P. Existence, relatedness, and growth［M］. New York: The Free Press, 1972.

［13］CSIKSZENTMIHALYI M. Flow: the psychology of optimal experience［M］. Harper & Row, 1990.

［14］DENISI A S, PETERS L H. Organization of information in memory and the performance appraisal process: evidence from the field［J］. Journal of Applied Psychology, 1996, 81(6): 717-737.

［15］DETERDING S, DIXON D, KHALED R, et al. From game design elements to gamefulness: defining "gamification"［C］. Proceedings of the 15th

International Academic MindTrek Conference: Envisioning Future Media Environments. ACM, 2011.

[16] Examples of Gamification in the Workplace [EB/OL]. (2018-04-19) [2020-2-26]. https://raccoongang.com/blog/examples-gamification-workplace/.

[17] FLATLA D R, GUTWIN C, NACKE L E, et al. Calibration games: making calibration tasks enjoyable by adding motivating game elements [C]. In Proceedings of the 24th Annual ACM Symposium on User Interface Software and Technology. ACM, 2011: 403-412.

[18] GIBBONS F X, KLEINER B H. Factors that bias employee performance appraisals [J]. Work Study, 1994, 43(3): 10-13.

[19] HERZBERG F, MAUSNER B, SNYDERMAN B B. The motivation to work [M]. New York: Wiley, 1959.

[20] LIEBEROTH A. Shallow gamification: testing psychological effects of framing an activity as a game [J]. Games and Culture, 2015, 10(3): 229-248.

[21] LOCKE E A. Toward a theory of task motivation and incentives [J]. Organizational Behavior & Human Performance, 1968, 3(2): 157-189.

[22] MASLOW A H. A theory of human motivation [J]. Psychological Review, 1943, 50:370-396.

[23] MCCLELLAND D C, ATKINSON J W, CLARK R A, et al. The achievement motive [M]. New York: Appleton-Century-Crofts, 1953.

[24] MOLLICK E R, ROTHBARD N. Mandatory fun: consent, gamification and the impact of games at work [C]. The Wharton School research paper series, 2014.

[25] PORTER L W, LAWLER E E. Managerial attitudes and performance [M]. Homewood, IL: Irwin Dorsey, 1968.

[26] RYAN R M, DECI E L. Self-determination theory and the facilitation of

intrinsic motivation, social development, and well-being [J]. American Psychologist, 2000, 55(1): 68-78.

[27] RYAN T A. Intentional behavior [M]. New York: Ronald Press, 1970.

[28] VARMA A, PICHLER S, SRINIVAS E S. The role of interpersonal affect in performance appraisal: evidence from two samples – the US and India [J]. The International Journal of Human Resource Management, 2005, 16(11): 2029-2044.

[29] VROOM V H. Work and motivation [M]. New York: Wiley, 1964.

第七章
员工敬业度与离职分析

无论在学界还是实践界，敬业度与离职都得到了极大的关注。敬业度作为一种积极的、充实的与工作相关的精神状态，直接影响着组织中员工的工作状态，进而影响工作的结果（如绩效）。离职更是会给组织带来重新选拔与培训、工作效率减缓、企业形象受损等各种显性与隐性成本。因此，长期以来，学界对敬业度与离职进行了大量的研究，实践界也对敬业度管理与离职管理进行了大量的探索。如今大数据时代的来临给这两个领域带来了新的机遇，已有不少企业开始运用海量数据和大数据分析方法进行员工敬业度管理与离职管理。学界在敬业度与离职方面的研究成果有哪些？大数据敬业度管理与离职管理的产生背景为何？大数据敬业度管理与离职管理和传统的敬业度管理与离职管理有何差异？大数据敬业度管理与离职管理有模式可循吗？本章将着眼于以上问题进行阐述。

第一节 敬业度模型

一、敬业度的概念

敬业度概念最早由卡恩（Kahn，1990）提出，指的是组织成员将自我运用和投入工作角色的程度，是一种积极的、充实的、与工作相关的精神状态（Kahn, 1990; Schaufeli, Salanova, Gonzalez–Roma & Bakker, 2002）。如果敬业，人们会从生理、认知和情感各方面投入工作，在工作中积极发挥并表现自己；而如果不敬业，无论是在生理上，还是在认知或情感上，人们都会尽力避免投入工作角色。因此，敬业度是人们在工作中扮演组织期盼的角色时的心理存在和精神状态（刘勇，2009）。在学术研究中，敬业度也经常被称为工作投入。在本章阐述中，敬业度和工作投入会交叉使用。

敬业度这一概念代表了员工与企业关系的发展趋势。在管理科学的发展历程中，管理理论经历了从"科学管理""人际关系管理"到"人本主义管理"思想的发展。企业和员工关系在实践中也不断发展变化，从早期企业雇用员工（Employment）发展到员工授权（Empowerment），再发展到现在的企业与员工结盟（Engagement），企业与员工的互动中更加强调员工自主参与、积极投入与敬业（曾晖，赵黎明，2009）。

二、敬业度的相关理论与框架

敬业度的相关理论与框架主要有三种，下面将加以详细介绍。

（一）社会交换理论

互惠原则是社会交换理论的核心。在社会交往的过程中，交往双方对彼此都有期待，如果双方能够持续满足彼此的期待，那么双方的关系将会产生信任、忠诚和相互的承诺（Blau, 1964）。

在组织中，组织和员工对彼此都有着期待，员工会对组织提供的各种资源（包括经济的和社会情感性的资源）做出评估，判断组织是否满足了自己的期待，进而根据判断结果决定自己回馈组织的方式，敬业度水平的高低是一种重要的方式。员工敬业度水平的高低是随着组织提供的资源的多少而变化的（刘勇，2009；杨红明，廖建桥，2009）。

（二）工作要求—资源模型

工作要求—资源模型（JD-R模型）将工作中的各种因素分为两种——工作要求（Job Demand）和工作资源（Job Resource），并探究这两种工作因素对倦怠和投入的影响。

工作要求指的是工作对个体完成任务的要求，涉及生理、心理、社交能力等各方面，需要个体付出相应的努力或成本才能完成工作的因素（Demerouti, Bakker, Nachreiner & Schaufeli, 2001）。简单来说，工作要求是工作中消耗个体精力的"负向因素"，例如工作过载、角色冲突、时间压力、工作不安全感等。当工作要求过高，而且长期没有被工作资源弥补时，员工的精力就会在工作过程中不断损耗，可能导致精力衰竭（倦怠），进而对员工个人（例如健康问题）和组织（例如工作绩效）产生消极影响。

工作资源指的是在生理、心理、组织、社会层面上有助于降低工作要求、达成工作目标或推动个体发展的工作因素，它能够推动实现积极的工作成果（Demerouti et al., 2001）。工作资源是工作中的"正向因素"，例如来自上级的支持（帮助达成工作目标）、工作自主性（可能降低工作要求）、绩效反馈（可能推动个体发展）等。

肖飞力和贝克（Schaufeli & Bakker, 2004）完善了德梅鲁蒂等人（Demerouti et al., 2001）提出的工作要求—资源模型，并用于解释投入与倦怠的发展机制。在完善的模型中，工作资源对敬业度有积极的预测作用，工作资源拥有天然的动机特性，它可以激发员工的动机、提高敬业度，进而产生积极影响，如高组织承诺、高留职意向、高工作绩效等。这个模型没有明确指出工作要求对敬业度的影响，但是有实证研究表明，工作要求对敬业度存在显著的负向影响，但影响程度远远小于工作资源（杨红明，廖建桥，2009）。

（三）关键心理状态模型

卡恩（Kahn，1990）指出，个体和角色之间存在一种契约关系。个体与角色结合的过程中会产生三种重要的心理感受——意义感、安全感和可用感，进而影响契约关系的质量。意义感指的是个体从自己所做的事情中感受到意义；安全感指的是个体在从事自己所做事情的过程中感受到可控和安全；可用感指的是个体在从事自己所做事情的过程中感受到调动所需资源的能力。在工作中，员工对工作场所和环境进行评估，产生不同水平的意义感、安全感和可用感，并据此调整自己的敬业度水平（杨红明，廖建桥，

2009；刘勇，2009）。

三、敬业度实证研究整合

在学界，学者们对敬业度开展了丰富的研究，探讨了敬业度的前因变量、结果变量，以及中介变量和调节变量，取得了丰硕的研究成果。

（一）前因变量

影响敬业度的因素有很多，包括个人、团队和组织各个层面。学者们对以上三个层面的因素都进行了研究。

在个人层面，学者们发现员工的各种个体特征会影响其敬业度。杨红明和廖建桥（2011）的研究发现员工的人口统计学特征（如性别、年龄、工龄、职务、学历）会影响员工的敬业度。女性员工的活力水平低于男性；具有较大年龄、较长工龄、较高职务、较低学历的员工有着更高的奉献水平。除了人口统计学特征，员工的人格、价值取向等个人特征也会影响其敬业度水平。研究者们已经探讨了主动性人格（毛凯贤，李超平，2018）、天职取向（王默凡，孙健敏，2016）、资质过高感（黄泽群，颜爱民，陈世格，徐婷，2019）等变量对员工敬业度的影响。

在团队层面，研究者们主要探讨了领导和人际因素的作用。已有实证研究发现变革型领导（Song, Kolb, Lee & Kim, 2012；李超平，毛凯贤，2018）、服务型领导（De Clercq, Bouckenooghe, Raja & Matsyborska, 2014）、领导—成员交换关系（施丹等，2019）、积极领导（闫艳玲，张军伟，张洪，2019）正向影响员工的敬业度。2019年发表在《心理科学进展》上的一篇元分析（胥彦，李超平，2019）指出，授权型领导、伦理型领导、变革型领导、领导—成员交换、真实型领导、交易型领导、服务型领导以及家长式领导与敬业度之间均呈显著的正相关关系，且对敬业度的解释力递减。除了领导，工作环境中的人际因素也会影响员工的敬业度。如杨红明和廖建桥（2011）发现，上级支持和同事支持都会正向影响员工的敬业度；萨蒂（Sarti, 2014）的研究支持了这一结论。

在组织层面，工作特征、组织环境等因素都会影响员工的敬业度。研究者们已经证实了工作自主性（刘鑫，杨东涛，2017；杨红明，廖建桥，2011）、工作重要性、工作反馈（杨红明，廖建桥，2011）、人力资源管理实践（王丽平，韩二伟，黄娜，2014）等变量对员工敬业度的影响。

（二）结果变量

敬业度对员工和组织都有很大的影响。在员工个体层面，敬业度会显著影响员工与工作相关的态度和行为。如研究者们发现敬业度会显著负向影响员工的离职倾向（林銮珠，2016），会显著正向影响员工的工作绩效（包括任务绩效与关系绩效）（方来坛，时勘，张风华，高鹏，2011；王默凡，孙健敏，2016）。在组织层面，研究发现敬业度会显著正向影响组织知识创新（Song et al., 2012）、顾客忠诚度（Salanova, Agut & Peiró, 2005）、财务绩效等（Xanthopoulou, Bakker, Demerouti & Schaufeli, 2009）。

（三）中介变量和调节变量

除了探讨敬业度的前因变量和结果变量，学者们也对敬业度的作用机制进行了探讨。目前发现的中介变量主要是员工个人的认知、态度、情绪方面的变量，已经得到验证的中介变量包括信任领导（刘鑫，杨东涛，2015）、心理所有权（邱敏，胡蓓，2015）、组织支持感（席猛，刘玥玥，徐云飞，曹曼，徐志静，2018）、认同感（李超平，毛凯贤，2018）、内部人身份认知（施丹等，2019）、需求满足（闫艳玲等，2019）、组织自尊（黄泽群等，2019）、积极情绪（黄昱方，钱兆慧，2014）等。

员工的敬业度受到各种情境因素的影响。在敬业度研究领域，学者们也探讨了各种调节变量的作用，主要包括员工个人特征和组织环境两类。在员工个人特征方面，已发现的调节变量包括核心自我评价（张桂平，廖建桥，2015）、员工的自我建构（刘鑫，杨东涛，2015）、自主性倾向（邱敏，胡蓓，2015）、个体自我监控（刘鑫，杨东涛，2017）、员工的户籍（施丹等，2019）、主动性人格（闫艳玲等，2019）等。在组织环境方面，已发现的调节变量包括组织支持（张桂平，廖建桥，2015）、组织分配公平（刘鑫，杨东涛，2017）、班组差序氛围（施丹等，2019）、高绩效工作系统（黄泽群等，2019）等。

第二节 敬业度定量分析

一、敬业度的测量

在敬业度测量方面，实践领域和学术研究领域采取了不同的测量方法。商业咨询等实践领域广泛使用盖洛普工作场所调查量表（Gallup Workplace Audit, GWA）（Harter, Schmidt & Keyes, 2002），而学术研究领域多采用乌得勒支工作投入量表（Utrecht Work Engagement Scales, UWES）（Schaufeli et al., 2002; Schaufeli, Bakker & Salanova, 2006）。

Utrecht工作投入量表（Utrecht Work Engagement Scales, UWES）有两种版本，长版17个条目（Schaufeli et al., 2002），短版9个条目（Schaufeli et al., 2006），都用来测量活力（Vigor）、奉献（Dedication）和专注（Absorption）三个维度。下面是条目的原文：

Ⅰ．在工作中，我感到自己迸发出能量。a（VI1）

At my work, I feel bursting with energy. a（VI1）

Ⅱ．我觉得我所从事的工作目的明确，且很有意义。（DE1）

I find the work that I do full of meaning and purpose.（DE1）

Ⅲ．当我工作时，时间总是过得飞快。（AB1）

Time flies when I am working.（AB1）

Ⅳ．工作时，我感到自己强大并且充满活力。a（VI2）

At my job, I feel strong and vigorous. a（VI2）

Ⅴ．我对工作富有热情。a（DE2）

I am enthusiastic about my job. a（DE2）

Ⅵ. 当我工作时，我忘记了周围的一切事情。（AB2）

　　When I am working, I forget everything else around me.（AB2）

Ⅶ. 工作激发了我的灵感。a（DE3）

　　My job inspires me. a（DE3）

Ⅷ. 早上一起床，我就想要去工作。a（VI3）

　　When I get up in the morning, I feel like going to work. a（VI3）

Ⅸ. 当工作紧张的时候，我会感到快乐。a（AB3）

　　I feel happy when I am working intensely. a（AB3）

Ⅹ. 我为自己所从事的工作感到自豪。a（DE4）

　　I am proud of the work that I do. a（DE4）

Ⅺ. 我沉浸于我的工作当中。a（AB4）

　　I am immersed in my work. a（AB4）

Ⅻ. 我可以一次连续工作很长时间。（VI4）

　　I can continue working for very long periods at a time.（VI4）

XIII. 对我来说，我的工作是具有挑战性的。（DE5）

　　To me, my job is challenging.（DE5）

XIV. 我在工作时会达到忘我的境界。a（AB5）

　　I get carried away when I am working. a（AB5）

XV. 工作时，即使感到精神疲劳，我也能够很快地恢复。（VI5）

　　At my job, I am very resilient, mentally.（VI5）

XVI. 我感觉到自己离不开工作。（AB6）

　　It is difficult to detach myself from my job.（AB6）

XVII. 在工作中，即使事情进展不顺利，我也总能够锲而不舍。（VI6）

　　At my work, I always persevere, even when things do not go well.（VI6）

注：VI = Vigor scale（活力量表）；DE = Dedication scale（奉献量表）；AB = Absorption scale（专注量表）。a表示缩减的9条目短版版本。

二、大数据敬业度管理与传统敬业度管理的比较

研究表明，敬业度会显著负向影响员工的离职倾向（林銮珠，2016），会显著正向影响员工的工作绩效（包括任务绩效与关系绩效）（方来坛等，2011；王默凡，孙健敏，2016）、组织知识创新（Song et al., 2012）、顾客忠诚度（Salanova et al., 2005）、财务绩效等（Xanthopoulou et al., 2009）。在实践界，人们也发现具有高水平敬业度员工队伍的企业有着高于平均水平的财务回报（陈果，2014）。因此，越来越多的企业开始关注员工敬业度状况与影响因素，积极寻求提升员工敬业度的有效措施与途径。

传统敬业度管理和大数据敬业度管理的基本思路都是探索影响本企业员工敬业度的影响因素，基于此采取有效的干预措施提升员工的敬业度。但是二者之间存在一些差异，主要的差异是传统敬业度管理是相对静态、基于预设模型的，而大数据敬业度管理是实时动态、没有预设模型的。下面将对此进行详细介绍。

传统敬业度管理主要采取问卷调研方式，一方面测量本企业的员工敬业度水平，以了解员工的敬业度现状；另一方面探索影响敬业度的因素。具体而言，基于已有的敬业度量表（如盖洛普工作场所调查量表和Utrecht工作投入量表），设计测量敬业度水平的问卷，让员工填答后进行描述统计，勾勒出员工的敬业度现状。此外，根据设定的敬业度模型，设计影响敬业度因素的问题，根据员工对问题的回答来分析敬业度要素（陈果，2014）。传统敬业度管理可以了解员工的敬业度现状，也可以探索影响敬业度的因素，但是这种方法也存在本质上的缺陷，即根据预设的模型来设置问题进而探索影响敬业度的因素，这局限了确定敬业度影响因素的范围，有可能遗漏重要的敬业度影响因素。

大数据敬业度管理可以解决传统敬业度管理的问题。大数据敬业度管理通过分析与员工、业务相关的各种数据，挖掘数据的相关性，探索敬业度的影响因素。技术的进步使得大数据敬业度分析实现了实时和动态，而且大数

据敬业度分析没有预设的模型，直接对海量的数据进行分析，可以实现面向未来的预测（陈果，2014）。大数据敬业度管理基于企业的员工、业务数据进行分析，可以使敬业度管理更加符合本企业的实际情况，具有针对性；实时和动态的特征可以使敬业度管理与时俱进；没有预设的模型不会局限敬业度影响因素的范围，从而能够更好地保证找出敬业度的关键影响因素。

三、大数据敬业度管理模式总结与案例分析

通过收集和分析大数据敬业度管理案例，我们发现大数据敬业度管理主要有三个步骤：首先基于本企业的数据明确敬业度与绩效的关系，接着基于企业员工、业务的海量数据分析敬业度的影响因素，最后根据数据分析结果采取提升员工敬业度的措施。下面我们将具体介绍三个大数据敬业度管理的企业案例。

壳牌（Shell）是世界上著名的石油公司，在管理、经营方面拥有丰富的经验。壳牌通过大数据分析了员工敬业度和绩效之间的关系，发现员工敬业度会提升操作的安全性，进而提升公司的商业绩效。具体而言，员工敬业度提升1%，安全事故频率会降低4%。安全绩效的提升进而会促进商业绩效。

百思买（Best Buy）是著名的家用电器和电子产品零售集团。该集团想要确认员工的敬业度如何影响门店的销售额，进行了大数据分析。结果表明，员工敬业度提升0.1%，每家门店的年收入会增加10万美元。在确认了敬业度的惊人影响后，百思买增加了敬业度调查频率，根据数据分析了敬业度的驱动因素，进而制定了提升员工敬业度的人力资源管理干预措施。

其乐（Clarks）是全球领军鞋履品牌，也是英国最大的男鞋、女鞋和童鞋品牌之一。该企业想要确认员工敬业度和财务绩效之间的关系，而且由于该企业的员工敬业度水平已经高于平均水平，其乐想要进一步探讨敬业度的收益，以及敬业度的收益是否会随着敬业度水平的增加而减少。其乐的人才分析团队与负责零售商分销计划系统的统计人员一起工作，总共分析了450个商业绩效数据点。结果表明，员工敬业度与财务绩效之间确实存在联系——员

工敬业度有利于财务绩效的提升。具体而言，员工的敬业度每提升1%，财务绩效会提升0.4%。接着，其乐用定量和定性的方法分析了100个绩效最佳的门店，发现了影响员工敬业度和门店绩效的重要因素，如门店中存在一个最佳团队规模，门店经理的工龄对门店绩效也有很强的预测作用。这说明频繁地更换门店经理不利于门店绩效的提升。根据这些影响因素，其乐的人才分析团队撰写了一个员工敬业度管理工具包，辅助经理人员更好地管理员工，提升员工敬业度，进而提升绩效。

第三节 离职模型

员工离职（Employee Turnover）指的是"从组织中获取物质收益的个体终止其组织成员关系的过程"（Mobley, 1977）。学界对员工离职的原因进行了大量的研究，并产生了众多模型。在工业心理学界，自20世纪80年代以来，主要有2个最具代表性的"主流"员工离职模型，分别是Steers 和 Mowday（1981）模型和Price-Mueller（2001）模型（张勉，李树茁，2002）。下面我们将对这2个离职模型展开详细介绍。

一、Steers 和 Mowday（1981）模型

斯蒂尔和莫迪（Steers & Mowday, 1981）模型旨在探索员工离职的主要影响因素，并且考察这些影响因素在离职过程中的关系。图7-1是该模型的框架图。

根据该模型，斯蒂尔和莫迪（Steers & Mowday）认为工作期望和工作价值会影响员工对工作的主观态度（工作满意度、组织承诺度、工作参与度），员工对工作的主观态度会影响员工的离职意图，员工的离职意图接下来会影响实际的离职行为。需要注意的是，在员工对工作的主观态度影响员工离职意愿的过程中，非工作因素（如配偶工作或者留给家庭的时间）会起到调节

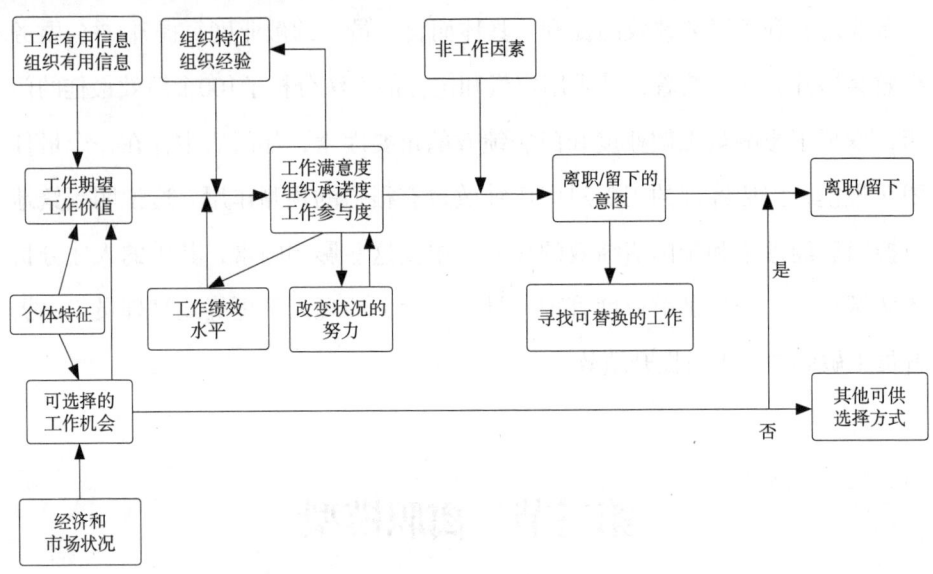

图7-1　Steers & Mowday（1981）模型

作用。此外，在离职意向影响实际离职行为的过程中，其他可供选择的方式起到了调节作用。对于不同的个体而言，其他可供选择的方式起到的作用是不一样的。对于有的个体而言，无论是否有其他可供选择的方式，离职意向都会直接导致离职行为；而对于有的个体而言，离职意向会促使他们寻找可替代的工作。只有当有其他可供选择的方式时，他们才会产生实际的离职行为。

在该模型中，员工对工作的主观态度包括三个变量，分别是工作满意度、组织承诺度和工作参与度。它们受到工作期望和工作价值、组织特征和组织经验、工作绩效水平的交互作用，其中组织特征和组织经验指的是员工体验到的组织的实际状况。此外，员工对工作的主观态度会影响员工自身改变状况的努力，员工自身改变状况的努力反过来也会影响员工的主观态度。

在该模型中，个体掌握的信息（包括工作有用信息和组织有用信息）、个体特征和可供选择的工作机会都会影响员工的工作期望和价值。其中，可选择的工作机会又会受到个体特征、经济和市场状况的影响。

二、Price-Mueller（2001）模型

普莱斯-穆勒模型（Price-Mueller，2001）融合了经济学、社会学以及心理学领域对离职的研究成果，旨在寻找员工离职的主要影响因素，并且考察这些影响因素在离职过程中的关系。图7-2是该模型的框架图。

根据该模型，影响员工离职的因素主要有四类，分别是环境变量、个体变量、结构变量以及过程变量。环境变量包括两个因素，分别是机会和亲属责任。机会是经济学家们强调的变量，和劳动力市场以及经济状况相关。机会既能直接影响员工的离职行为，也可以通过影响员工的工作满意度间接影响员工的离职行为。亲属责任是社会学家们强调的变量。维持雇佣状态、获得薪

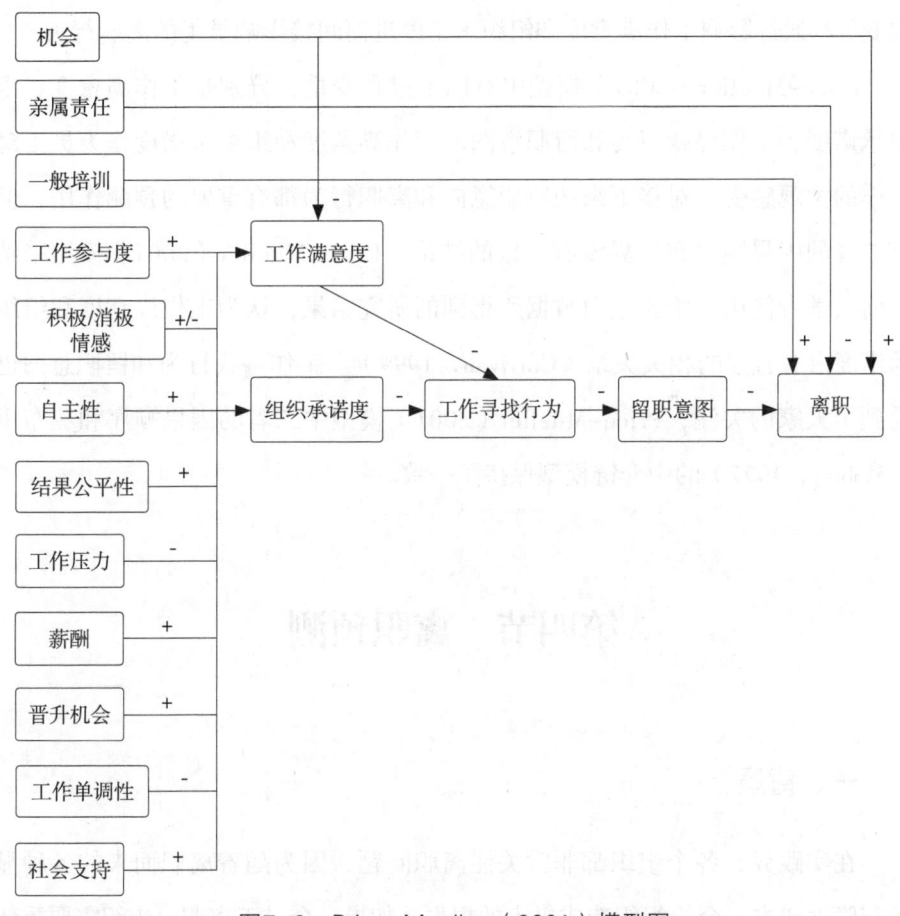

图7-2　Price-Mueller（2001）模型图

酬对承担亲属责任具有重要的意义，亲属责任会负向影响员工的离职行为。

个体变量包括三个因素，分别是一般培训、工作参与度和积极/消极情感。一般培训是经济学家们关注的变量，一般培训会正向影响员工的离职行为。工作参与度和积极/消极情感都是通过影响工作满意度和组织承诺度来间接影响员工的离职行为的。工作参与度的增加会使员工获得更多的组织回报，进而增加工作满意度和组织承诺度，从而减少员工的离职行为。积极情感会正向影响员工的工作满意度和组织承诺度，从而减少员工的离职行为；而消极情感会负向影响员工的工作满意度和组织承诺度，从而增加员工的离职行为。

结构变量包括七个因素，分别是自主性、结果公平性、工作压力、薪酬、晋升机会、工作单调性以及社会支持。根据Price-Mueller（2001）模型，七个结构变量都通过影响工作满意度和组织承诺度进而间接影响员工的离职行为。

Price-Mueller（2001）模型中有四个过程变量，分别是工作满意度、组织承诺度、工作寻找行为和留职意图。工作满意度和组织承诺度作为员工对工作的主观感受，对接下来的留职意向和离职行为都有重要的预测作用，但是二者的因果顺序在学界没有一致的结论。Price-Mueller（2001）模型采纳了前人学者使用三阶段纵向数据所得到的研究结果，认为工作满意度和组织承诺度没有直接的相关关系（Currivan，1999）。工作寻找行为和留职意图也受到了大家的关注，Price-Mueller（2001）模型中二者的因果顺序和莫布里（Mobley，1977）的中介链模型保持了一致。

第四节　离职预测

一、背景

在实践界，各个组织都非常关注离职问题，因为随着离职而来的各种显性与隐性成本，会给组织造成极大的损失。如果一个员工离职，组织需要重新甄选和培训一名合适的员工填补职位空缺。据美国劳工部数据显示，重新甄选和培训消耗的成本大概等于这名员工1/3年薪的现金。除了招聘和培训所带来的显性成本，离职还会导致隐性成本，包括影响工作进度、破坏公司氛围、影响公司形象等。旧员工离职、新员工入职前，多出的工作很有可能需要团队其他成员承担，增加的工作压力既不利于员工的身心健康，也不利于工作的正常推进。新员工入职后，需要一段时间熟悉环境，也会影响工作进度。此外，员工离职也会影响公司氛围。如果公司中离职的员工越来越多，就会让现有员工产生焦虑，对于公司的形象来说也是一种损害。因此，越来越多的组织开始关注离职问题，预测离职和进行离职管理可以帮助减少损失。

以往在组织中，由于离职问题的敏感性和隐蔽性等原因，管理者们往往不能及时地发现员工的离职意向，只有当员工提出离职时才意识到问题并进行介入，但往往为时已晚。大数据时代的来临为解决以上问题提供了可能，通过分析组织的海量数据，能够提前发现有离职意向的关键员工，甚至能够找出产生离职意向的原因，从而能够辅助管理者在员工提出离职之前进行介入，留住关键员工，减少离职产生的损失。

二、大数据离职管理模式总结与案例分析

通过收集和分析大数据离职管理案例，我们发现大数据离职管理主要有五个步骤：首先根据管理现象发现本企业存在的离职问题，接着基于企业员工、业务的海量数据进行分析，然后找出员工离职原因、建立离职预测模型，接着提出管理方案，最后进行实施和评估。下面我们将具体介绍美洲、欧洲和亚洲的大数据离职管理企业案例。

（一）美洲的大数据离职管理企业案例

惠普（Hewlett-Packard）是一家拥有超过30万名员工的公司，一直是人力资源预测分析领域的佼佼者。惠普的管理层发现公司存在着高水平的人员流动，一些销售部门的离职率高达20%，这意味着惠普的员工平均工作4～5年后就会离职。两位科学家决定尝试解决这个问题。他们综合分析了两年的

数据，试图对谁会离开这个组织进行预测。通过使用预测模型，他们得出了"离职风险"指数（"Flight Risk" Score），这个指数可以预测惠普30多万名员工离职的可能性。根据这些数据，他们可以看出员工离开惠普的原因，例如，更高的薪水、升职和更好的绩效评估与离职风险负相关。然而，这些发现之间存在着复杂的关系。例如，如果有人得到了晋升，但没有得到实质性的加薪，这个人仍然很有可能辞职。最后，离职风险指数被作为一个预警系统，提醒训练有素的经理人在为时已晚之前介入，或者在员工的损失不可避免时做出相应的反应。西格尔（Siegel，2013）指出，通过计算员工的离职风险指数进行预测与管理，惠普大约节省了3亿美元。

谷歌（Google）一直是人力资源预测分析领域的先驱。在书籍《工作规则》中，谷歌的人力资源管理高级副总裁拉斯洛·巴克（Laszlo Bock）写道，谷歌的人力资源管理最重要的工具是统计。其人力资源部门——人力运营部一直基于数据和统计开展工作。几年以前，谷歌的人力运营部发现女性员工的离职比率远高于公司平均离职率，立即引起了极大关注。女性员工离开谷歌既是一个性别平等问题，涉及公司的名誉与形象，也是一个管理问题，影响了公司的财务绩效。当人力运营部深入分析时，发现并不是所有女性员工的离职率都高，只有刚生过孩子的女性员工的离职率高。基于这一分析结果，谷歌的人力运营部修改了产假政策：刚生过孩子的女性员工可以获得5个月可任意分割的带薪产假。实施这项政策以后，谷歌新妈妈的离职率下降到公司全体员工离职率的平均水平。值得一提的是，在提出解决方案时，谷歌的人力运营部运用数据分析验证了这项政策的成本效益，他们发现新产假政策节省的各项成本远大于其各项投入。

谷歌运用人力资源预测分析估计员工离开公司可能性的另一项发现是，新的销售人员如果在4年内没有得到晋升，则更有可能离开公司。

（二）欧洲的大数据离职管理企业案例

2015年3月13日，《华尔街日报》发表了一篇题为《告诉老板谁可能辞职的算法》的文章。这篇文章介绍了瑞士瑞信银行（Credit Suisse）预测员工离开公司并进行介入的过程和方法。这是现在非常流行的员工流失分析的典型例子。

瑞士瑞信银行的分析师不仅能够预测谁可能辞职，还能确定这些人可能辞职的原因。这些信息接着被匿名提供给管理人员，管理人员根据信息进行介入，减少人员流失的风险因素，更好地留住员工。从2012年到2015年，瑞士瑞信银行研究了员工的各种资料，包括加薪、升职和生活转变等各种事件，以此预测员工在接下来的一年里的离职倾向。瑞士瑞信银行人才分析团队的负责人沃尔夫（Wolf）说，更换工作岗位可以让人对组织更有"黏性"，很有可能留下来。然而，在2010年前，瑞士瑞信银行只有不到一半的职位空缺信息向内部公开，而且最后大多数还是通过外聘方式招到新员工。

因此，瑞士瑞信银行开始推出内部人员流动计划，鼓励银行员工申请其他岗位的工作。在招聘新员工时，瑞士瑞信银行也会将招聘机会向内部员工开放。据估计，瑞士瑞信银行有300多人通过内部流动计划获得了职位晋升。沃尔夫（Wolf）说，如果没有这个内部流动计划，很多员工都会跳槽。

此外，瑞士瑞信银行培训了专门的管理人员，其工作是保留那些有高离职风险的高绩效员工。总的来说，这个项目每年为瑞士瑞信银行节省了大约7000万美元。

益百利公司（Experian）是一家全球性信息服务集团，拥有近2万名员工。员工流失率在益百利是一个问题，公司面临的离职率水平比预期高出3%~4%。益百利通过建立一个包含200个因素的预测模型，包括团队规模和结构、主管绩效和通勤时长等，能够预测每个员工的离职风险。一个风险因素的例子是超过10人的团队。分析团队还确定了离职风险的触发点：员工离办公室越远，离职风险会迅速增加。益百利将该预测模型在多个地区实施。据报道，通过将预测结果与良好的管理实践相结合，在过去18个月里，益百利的员工流失率下降了2%~3%，估计节省了800万至1000万美元。

（三）亚洲的大数据离职管理企业案例

Solasto是日本的医疗护理公司，其员工管理方面存在一个严重问题——新入职员工的离职率往往很高。为了解决这一问题，Solasto引进了人工智能

"KIBIT"。Solasto每年都有5000多名新员工入职，公司会对新员工开展问卷调查，并结合问卷开展7次面谈，内容大致包括"对职场、业务是否习惯""人际关系"等等。以往，Solasto需要完全依赖面谈者的经验、立场和直觉来判断新员工的状态。自从2017年引入人工智能"KIBIT"后，Solasto将新员工问卷自由填写的栏位内容，交由AI分析，从而判断新员工是否有离职意向，Solasto公司再根据分析结果及时介入、协助和调整，最终将离职率有效减少2成。

腾讯是中国举足轻重的互联网公司之一，也是中国运用大数据进行人力资源管理的先行者。腾讯内部为员工提供了各种线上平台，如"鹅民公社"和"鹅厂运动"，这些线上平台每个月都有几万人使用，为分析和预测员工行为提供了海量数据。在2012年，腾讯就开始用自己的海量数据分析员工离职问题。分析数据后发现，毕业进公司满3年的员工离职率达到普通员工离职率的3倍。这些毕业进公司满3年的员工经过培训和工作锻炼，已成为公司发展的核心力量。如果离职，将给公司带来极大的损失。通过电话深入访谈后，腾讯发现这些员工离职率高的原因是买房和安家问题。毕业3年的员工们往往到了适婚年龄，而深圳房价高涨，购房无望。根据分析结果，腾讯推出了"安居计划"：公司拿出一笔基金，免息提供给符合条件的员工，帮助员工提早买房。该项目成果显著，数据表明参与安居计划的员工离职率不到1%。

第五节 小　　结

本章从学术研究和实践管理两方面切入，梳理了敬业度和离职的相关知识。在敬业度方面，首先厘清了敬业度的概念，梳理了敬业度的相关理论与框架，整合了敬业度的实证研究成果。敬业度是指组织成员在工作角色中的运用和投入，是一种积极、充实的与工作相关的精神状态（Kahn, 1990; Schaufeli et al., 2002）。敬业度的相关理论与框架主要有三种，分别是社会交换理论、工作要求—资源模型以及关键心理状态模型。学界从前因、后果以及影响机制出发对敬业度开展了丰富的研究（可参见图7-3）。为了便于大家对模型图的内容有更具体的理解，也便于大家在实际测量中有工具可以参考，表7-1列举了与敬业度相关的常用变量及指标的含义及其测量方式。接着，本章对敬业度进行了定量分析，详细介绍了敬业度的测量方式，比较了大数据敬业度管理与传统大数据敬业度管理的差异，对大数据敬业度管理进行了模式总结与案例分析。敬业度的测量方式主要有两种，商业咨询等实践领域广泛使用盖洛普工作场所调查（Harter et al., 2002），学术研究领域多采用Utrecht工作投入量表（Schaufeli et al., 2002; Schaufeli et al., 2006）。传统敬业度管理和大数据敬业度管理的基本思路都是探索影响本企业员工敬业度的影响因素，基于此采取有效的干预措施提升员工的敬业度。但是二者之间存在一些差异，主要的差异是传统敬业度管理是相对静态、基于预设模型的，而大数据敬业度管理是实时动态、没有预设模型的。最后，本章通过分析三个大数据敬业度管理的企业案例，总结出了大数据敬业度管理的基本模式：首先基于本企业的数据明确敬业度与绩效的关系，接着基于企业员工、业务的海量数据分析敬业度的影响因素，最后根据数据分析结果采取提升员工敬业度的措施。

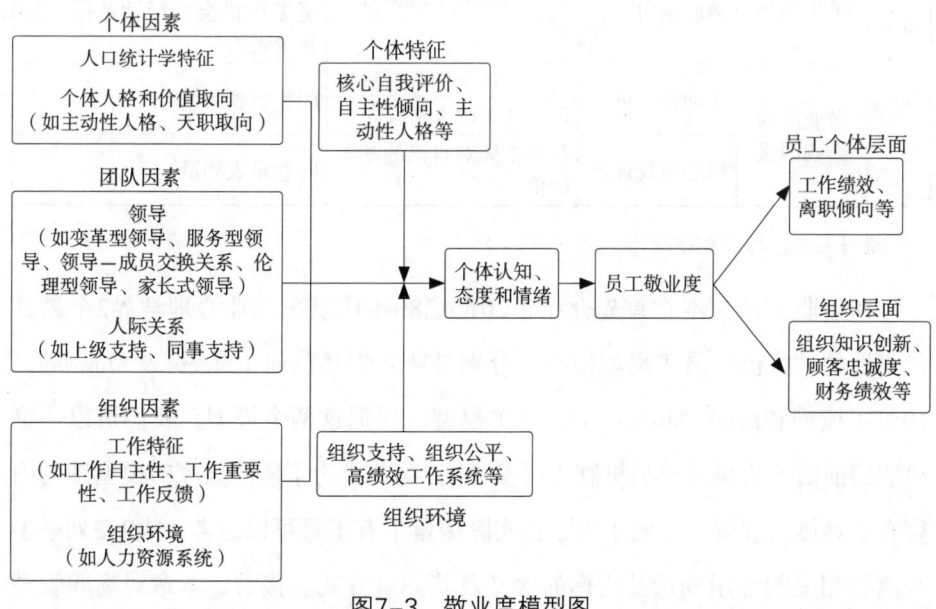

图7-3 敬业度模型图

资料来源：作者整理。

表7-1 与敬业度相关的常用变量及指标的含义及测量方式举例

层次	属性	名称	含义	测量及计算方式
企业	敬业度的结果指标	主营业务利润率	企业盈利能力	利润/主营业务收入净额
		顾客忠诚度	顾客对企业产品的态度	问卷量表测量
	敬业度的影响因素	人力资源系统	企业的人力资源管理系统	对企业招聘、培训、绩效考核与管理、薪酬、员工关系、职涯发展等人力资源管理的规章制度进行分析；问卷量表测量
		团队规模	团队的组成人数	从企业全员信息表或人员架构中提取信息
		领导—成员交换关系	领导和下属之间的交换关系质量	对上级—下属邮件等互动文本进行分析；问卷量表测量
		组织支持	组织为员工完成工作提供的工作资源	对工作相关的文本数据进行分析；问卷量表测量
		组织公平	组织对待所有员工的规则是否一致合理	对组织流程、分配结果进行分析；问卷量表测量
员工	敬业度可视化数字指标	敬业度	员工敬业度水平	问卷量表测量
	敬业度的结果指标	工作绩效	员工工作的产出	工作绩效记录
		离职倾向	员工离开所在组织的倾向	使用招聘网站修改简历、浏览工作机会的行动数据；问卷量表测量
	敬业度的影响因素	主动性人格	员工个体主动采取措施改变环境的人格倾向	问卷量表测量
		核心自我评价	员工个体对自己的基本评价	问卷量表测量

资料来源：作者整理。

在离职方面，本章首先介绍了20世纪80年代以来工业心理学界2个最具代表性的"主流"员工离职模型，分别是斯蒂尔和莫迪（Steers & Mowday，1981）模型和Price-Mueller（2001）模型。根据这两个模型，我们可以一览离职的前因、后果及影响机制（可参见图7-4）。为了便于大家对模型图的内容有更具体的理解，也便于大家在实际测量中有工具可以参考，表7-2列举了与离职相关的常用变量及指标的含义及其测量方式。接着，本章对离职管理进行了分析，介绍了大数据离职管理的背景，介绍了美洲、欧洲、亚洲的大

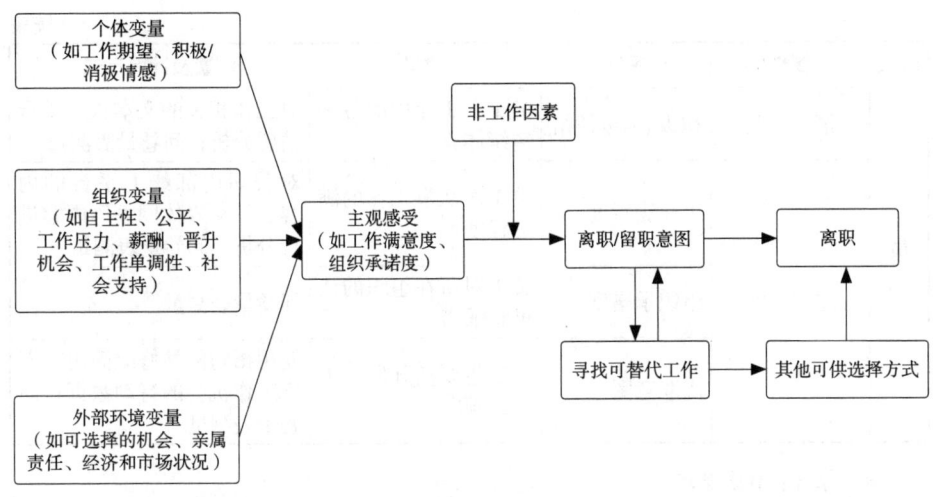

图7-4 离职模型图

资料来源：作者整理。

数据离职管理的企业案例并进行了模式总结。大数据离职管理主要有五个步骤：首先根据管理现象发现本企业存在的离职问题，接着基于企业员工、业务的海量数据进行分析，然后找出员工离职原因、建立离职预测模型，接着提出管理方案，最后进行实施和评估。

表7-2 与离职相关的常用变量及指标的含义及测量方式举例

层次	属性	名称	含义	测量及计算方式
企业	离职可视化数字指标	离职率	企业员工离职比率	期间离职人数/期初总员工人数
		离职风险指数	企业对各个员工离职风险的测算	运用企业离职模型进行测算
	离职风险因素	团队规模	团队的组成人数	从企业全员信息表或人员架构中提取信息
		社会支持	上级、同事等对员工工作的支持	对工作相关的文本数据进行分析；问卷量表测量
		自主性	员工完成工作过程中自我控制的程度	对上级—下属邮件等互动文本进行分析；问卷量表测量
		组织公平	组织对待所有员工的规则是否一致合理	对组织流程、分配结果进行分析；问卷量表测量

续表

层次	属性	名称	含义	测量及计算方式
员工	情绪体验	积极/消极情绪	员工在工作中的各种情绪体验	对工作相关的文本数据进行情感分析；问卷量表测量
	主观态度	工作满意度	员工对从事工作的满意程度	对公司内部线上平台的内容、社交媒体网页等内容进行分析；问卷量表测量
		组织承诺度	员工对所在组织的认可和承诺	问卷量表测量
		离职意图	员工想要离开所在组织的倾向	使用招聘网站修改简历、浏览工作机会的行动数据；问卷量表测量

资料来源：作者整理。

本章借鉴和总结学术成果，介绍了敬业度模型和离职模型，同时也借鉴和总结实践经验，分析了大数据敬业度管理与离职管理的企业案例，进行了模式总结。希望组织能够在大数据时代的新背景下，进一步重视敬业度管理与离职管理，进而提升组织绩效。

参考文献

[1] BLAU P M. Exchange and power in social life [M]. New York: Wiley, 1964.

[2] 陈果. 大数据时代的员工敬业度管理 [J]. IT 经理世界，2014(21): 84.

[3] CURRIVAN D B. The causal order of job satisfaction and organizational commitment in models of employee turnover [J]. Human resource management review, 1999, 9(4): 495-524.

[4] DEMEROUTI E, BAKKER A B, NACHREINER F, et al. The job demands-resources model of burnout [J]. Journal of Applied Psychology, 2001, 86(3): 499-512.

[5] DE CLERCQ D, BOUCKENOOGHE D, RAJA U, et al. Servant leadership and work engagement: The contingency effects of leader-follower social capital

[J]. Human Resource Development Quarterly, 2014, 25(2): 183-212.

[6] 大数据时代的必然趋势:基于证据的人力资源管理(附谷歌公司案例) [EB/OL].(2019-01-04)[2019-11-18]. http://www.sohu.com/a/286617438_661857.

[7] 方来坛,时勘,张风华,等.员工敬业度、工作绩效与工作满意度的关系研究[J].管理评论, 2011, 23(12): 108-115.

[8] 15 HR analytics case studies with business impact [EB/OL].[2019-11-15]. https://www.analyticsinhr.com/blog/hr-analytics-case-studies/.

[9] 黄泽群,颜爱民,陈世格,等.资质过高感对员工敬业度的影响:组织自尊和高绩效工作系统的作用[J].中国人力资源开发, 2019(9): 18-31.

[10] 黄昱方,钱兆慧.高绩效工作系统对员工敬业度的影响机理研究[J].管理学报, 2014, 11(11): 1646-1654.

[11] HARTER J K, SCHMIDT F L, KEYES C L. Well-being in the workplace and its relationship to business outcomes: A review of the Gallup studies [M] // KEYES C L, HAIDT J. Flourishing: The positive person and the good life. Washington, D. C.: American Psychological Association, 2002: 205-224.

[12] KAHN W A. Psychological conditions of personal engagement and disengagement at work [J]. Academy of management journal, 1990, 33(4): 692-724.

[13] 刘勇.员工敬业度研究的现状及未来研究方向[J].中国人力资源开发, 2009(1): 98-102.

[14] 刘鑫,杨东涛.互动公平对工作敬业度的影响——信任领导的中介作用及自我建构的调节作用[J].软科学, 2015, 29(3): 84-87.

[15] 李超平,毛凯贤.变革型领导对新员工敬业度的影响:认同视角下的研究[J].管理评论, 2018, 30(7): 136-147.

[16] 刘鑫,杨东涛.工作自主性与员工敬业度:自我监控和分配公平的调节作用[J].商业经济与管理, 2017(4): 41-48.

[17] 林銮珠. 工作—家庭冲突对离职倾向的影响：敬业度中介作用的实证研究［J］. 社会科学家, 2016(10): 80-84.

[18] MOBLEY W H. Intermediate linkage in the relationship between job satisfaction and employee turnover［J］. Journal of Applied Psychology, 1977, 62(2): 237-240.

[19] 毛凯贤,李超平. 互动视角下道德领导与主动性人格影响新员工敬业度的作用机制［J］. 科学学与科学技术管理, 2018, 39(12): 156-170.

[20] Predictive analytics in human resources: Tutorial and 7 case studies［EB/OL］.［2019-11-18］. https://www.analyticsinhr.com/blog/predictive-analytics-human-resources/.

[21] PRICE J L. Reflections on the determinants of voluntary turnover［J］. International Journal of Manpower, 2001, 22(7): 600-624.

[22] 邱敏,胡蓓. 内／外在激励、心理所有权与员工敬业度关系研究［J］. 软科学, 2015, 29(12): 87-91.

[23] SCHAUFELI W B, SALANOVA M, GONZÁLEZ-ROMÁ V, et al. The measurement of engagement and burnout: a two sample confirmatory factor analytic approach［J］. Journal of Happiness Studies, 2002, 3(1): 71-92.

[24] SCHAUFELI W B, BAKKER A B. Job demands, job resources, and their relations hip with burnout and engagement: a multi-sample study［J］. Journal of Organizational Behavior, 2004, 25(3): 293-315.

[25] 施丹,陶祎祎,张军伟,等. 领导—成员交换关系对产业工人敬业度的影响研究［J］. 管理学报, 2019, 16(5): 694-703.

[26] SONG J H, KOLB J A, LEE U H, et al. Role of transformational leadership in effective organizational knowledge creation practices: Mediating effects of employees' work engagement［J］. Human Resource Development Quarterly, 2012, 23(1): 65-101.

[27] SARTI D. Job resources as antecedents of engagement at work: Evidence from

a long-term care setting [J]. Human Resource Development Quarterly, 2014, 25(2): 213-237.

[28] SALANOVA M, AGUT S, PEIRÓ J M. Linking organizational resources and work engagement to employee performance and customer loyalty: The mediation of service climate [J]. Journal of Applied Psychology, 2005, 90(6): 1217-1227.

[29] SCHAUFELI W B, BAKKER A B, SALANOVA M. The measurement of work engagement with a short questionnaire a cross-national study [J]. Educational & Psychological Measurement, 2006, 66(4): 701-716.

[30] STEERS R M, MOWDAY R T. Employee turnover and post-decision accommodation process [M] // CUMMINGS L L, STAW B M. Research in Organizational Behavior. Greenwich, Conn: JAI Press, 1981: 235-281.

[31] WFM盖雅工场.数据真能预测员工离职？这六家大厂都做到了 [EB/OL]. 2019-07-19 [2019-12-03]. https://www.gaiaworks.cn/gaiaworks-news-20190719.html.

[32] The algorithm that tells the boss who might quit [EB/OL]. 2015-03-15 [2019-12-03]. http://www.wsj.com/articles/the-algorithm-that-tells-the-boss-who-might-quit-1426287935.

[33] 王默凡,孙健敏.员工天职取向对工作绩效的作用机制研究——员工敬业度的中介作用 [J]. 软科学, 2016, 30(5): 100-103.

[34] 王丽平,韩二伟,黄娜.人力资源管理实践对员工敬业度的跨层次影响——基于组织嵌入和心理授权的中介作用 [J]. 大连理工大学学报(社会科学版), 2014, 35(1): 42-47.

[35] 胥彦,李超平.领导风格与敬业度关系的元分析 [J].心理科学进展, 2019, 27(8): 1363-1383.

[36] XANTHOPOULOU D, BAKKER A B, DEMEROUTI E, et al. Work engagement and financial returns: A diary study on the role of job and personal

resources [J]. Journal of Occupational and Organizational Psychology, 2009, 82(1): 183-200.

[37] 席猛,刘玥玥,徐云飞,等.基于社会交换理论的多重雇佣关系模式下员工敬业度研究 [J].管理学报, 2018, 15(8): 1144-1152.

[38] 杨红明,廖建桥.员工敬业度研究现状探析与未来展望 [J].外国经济与管理, 2009, 31(5): 45-51, 59.

[39] 杨红明,廖建桥.公务员敬业度及其影响因素的实证研究 [J].管理学报, 2011, 8(6): 865-871.

[40] 闫艳玲,张军伟,张洪.积极领导与员工敬业度的关系研究:基于自我决定视角 [J].科研管理, 2019, 40(6): 254-264.

[41] 曾晖,赵黎明.企业员工敬业度的结构模型研究 [J].心理科学, 2009, 32(1): 231-235.

[42] 张桂平,廖建桥.挑战性—阻断性压力对员工敬业度的影响机制研究 [J].科研管理, 2015, 36(2): 152-159.

[43] 张勉,李树茁.雇员主动离职心理动因模型评述 [J].心理科学进展, 2002, 10(3): 330-341.

| 第八章 |

人力资源分析展望

过去几十年，管理学一直在推动管理决策科学化，将基于事实的定量分析和经验直觉结合起来。在这个过程中，不同领域管理学科的发展速度存在差异。相比运营、财务、金融、市场、生产等管理领域，人力资源管理较为落后。长久以来，人力资源管理工作较为主观，依赖经验和直觉。近年来，随着电子商务、物联网、移动互联网、智能终端设备以及社交网络的蓬勃发展，组织管理相关的数据量经历了爆发式增长，海量数据中隐藏的管理价值有待开发（George 等, 2016）。人力资源分析技术为人力资源部门在数据分析上取得突破提供了绝佳的战略机遇。人力资源部门如何用好人力资源分析这一工具，像当年的财务、市场等部门一样，实现向数据驱动的转型以应对当前人力资源管理的各种挑战，已经成为实践中迫在眉睫的问题（Fairhurst, 2014；姚凯, 桂弘诣, 2018）。

之前各章节介绍了人力资源分析的概念和发展，并且介绍了人力资源大数据分析方法。然后阐述了人力资源分析在人力资源管理主要模块中的应用，包括人力资源规划、招聘、培训、绩效、薪酬、敬业度、离职管理、团队管理等领域的具体应用。人力资源分析技术可能将极大地改变人力资源管理工作模式。人力资源管理将从经验和直觉驱动转向数据驱动和经验直觉驱动并行，能够让管理决策更加科学有效。此外，也有助于人力资源管理能够主动发现问题，促进组织管理变革，进而促进组织战略实现。然而，目前人力资源分析仍然存在一些问题，这些问题也将是人力资源分析未来发展的方向。

第一节　理论基础

一个完整的理论至少包括四个重要部分：因素（变量、构念、概念）、机制（因果关系）、逻辑（内在心理、经济、社会性动因）和情境（谁、在哪里、什么时候）（Whetten，1989）。

目前人力资源分析领域对于理论的重视程度不够。传统的人力资源管理（HRM）研究，往往依赖于理论来建构变量之间关系，再通过取样方式来验证模型，然后需要依赖于理论，来对变量之间的因果关系进行推论，进而对HRM实践产生指导。

在现有的人力资源分析领域，实践性工作基本不关注变量构建和理论解释，更多关注的是模型拟合效果或预测效果（Cheng & Hackett，2019）。即变量之间关系的内在逻辑这个"黑箱子"被忽视了。目前人力资源分析的学术论文，基本上没有基于理论建构模型、分析逻辑关系、搜集数据验证假设的文章。系统严谨地考察人力资源分析的前因变量、结果变量、作用机制、作用条件的文章，也是基本没有（Marler & Boudreau，2017）。

从方法上来看，人力资源分析学术类文章主要采用预测性建模（predictive modeling）方式和描述性建模（descriptive modeling）方式。预测性建模人力资源分析的学术论文在变量定义、模型计算方面介绍比较详细，但是对变量之间关系的理论解释很少。特别是当自变量超过十个时，理论关系解释基本没有（Cheng & Hackett，2019）。这种建模方式遭到了批评，认为忽略了理论检验。也有一些人力资源分析学术类文章采用描述性建模（descriptive modeling）方式。对于描述性建模的论文，其主要目的是把数据以简洁的方式呈现出来，并不需要进行因果推断或预测。因此总体来讲，大多数人力资源分析文章并不是理论驱动。人力资源分析研究，目前主要为启发式模型（heuristics）。启发式意味着解决问题时采用了足够的、可实现的但不一定是最优最完美的方法（Kahneman, Slovic & Tversky, 1982）。启发式的决策有利于决策速度，在大多数情况下正确，但是仍然有一定概率的错误可能。

但是人力资源分析建模仍然很有价值，因为可观测变量在估计中的作用要高于人工构造的概念（Geisser, 2017）。此外，预测性建模具有更强大的计算能力，能够对大量丰富的数据进行分析，这样能发现新的假设，发现新的测量，对现有模型改进提出建议，发现新的作用机制，测量理论的解释效力，进一步发展理论（Shmueli, 2010）。

为了对人力资源分析的有效性做检验，也为了人力资源分析能够在组织内部推广和接受，基于理论的规范研究很有必要。未来人力资源分析者可以借鉴管理学、心理学、社会学、经济学、政治学等方面的理论，来指导项目设计，同时利用这些理论来解释研究结果。需要采取更加严谨的研究方式，进一步考察真正的因果关系，控制住混淆变量，去除掉潜在的虚假关系，考察人力资源分析对组织绩效等重要产出变量的额外解释力。这样的项目结果能够在内部效度和外部效度上得到提升，并且有利于人力资源分析领域的持续发展。

第二节　数据收集与效度

满足大数据的基本条件是运用大数据技术进行人力资源管理的重要基础，而这正是大数据应用的局限所在。所谓"大数据"即体积庞大、规模海量的数据，而现在诸多中小型公司的数据体量尚未达到利用大数据进行管理和分析的级别（蔡治，2016）。

大数据收集和整理对专业能力和组织支持有较高要求。这些数据有的来自宏观的社会经济发展指标，有的来自组织外部行业发展情况，有的来自偏微观的组织内部多个部门各个数据源，也有的来自社交媒体、网络平台的多种指标。这些数据有一些是结构性的数据，但更多数据为非结构性数据，比如大量的网络痕迹、文本信息、音频信息、视频信息等。即使是结构性的数据，不同来源的数据其规则存在很大差异，并不兼容。首先，当数据形式的多样性和非结构化性质增加时，数据处理过程中的理论化、设计、收集、存储、链接、清洗、转换、分析、可视化等技术，以及解释和展现大数据信息所需的一些知识和技能都对大数据分析人员提出了极高的专业技术要求，也对单位的组织管理能力、财务支持、信息技术能力提出了很高要求（Wenzel & Van Quaquebeke, 2018）。

数据局限还体现在，大数据技术难以解决员工人际关系、行为态度等基础数据的量化问题，而此类数据都是人力资源管理中影响对员工的评价和工作绩效的关键内容，能对员工的活动与需求进行精准刻画，是将大数据应用于人力资源管理的前提（邹海波，2019）。

大数据的效度也广受质疑。在传统的学术研究中，研究者对概念下操作性定义，根据操作性定义去界定测量指标。然后通过多种定量和定性的方法，来确保概念的内容效度和结构效度。但是在人力资源大数据中，很多数据是自然发生并积累的，其目的并不是为了研究，其效度不能得到有效保障（刘善仕等，2018）。比如社交网络类平台并非为挑选员工而设计，其主要功能为社会交往，其数据内容大多数与工作无关。这就造成基于社交媒体历史信息的个性与能力测试可能存在信息不全的问题，导致基于社交网络的评估的效度较低。

虽然人力资源大数据应用仍存在不少问题，但未来可以通过技术和方法进行解决。比如随着人力资源管理信息化进展，数据可以变得更加结构化。随着技术进步，视频、音频、文本等结构化数据，也可以得到有效处理。为避免效度问题，人力资源分析研究者可以采用三角验证方法，用不同来源的数据共同对员工的个性、行为特征等构念进行分析，以获得更准确评估，逐步提高测量效度。

第三节 数据隐私

当今社会数据安全已经成为广受关注的问题。在人力资源分析中,需要引进何种数据,目前尚无统一标准,因此存在着越界滥采和信息失真的风险。而个人信息如果因保护不当而泄露,会带来巨大的损失。在人力资源分析时需要用到企业内部和外部的个人信息,在采集和加工、分析过程中,需要对个人信息进行充分的保护。既需要提高甄别能力,确保数据的真实可靠性,也需要建立起企业内部和外部的监督机制,防止个人信息被非法滥用(李育辉等,2019)。

我国对于个人数据和隐私的立法正在不断完善。在欧盟,2016年就通过了一般数据保护法案(GDPR)以保护欧盟居民对个人信息有更强的控制,减少其他组织对个人数据的免费获取(Wachter,2018)。而且,其中还有一个条款规定任何用来做决策的算法必须要能够被合理解释(Kean,2018)。比如因为数据端输入有误,导致大数据可能会引起招聘歧视。比如某科技互联网企业基于现有员工的绩效数据设计招聘规则,但现有员工的绩效评价中男性会占有优势。基于此数据设计招聘筛选算法,则合格人选基本也为男性。这是因为原来的数据输入端有误,使招聘时的算法出现了性别歧视。

未来数据保护和伦理关注会越来越多,给人力资源分析提出了新要求。这需要雇主在只用人力资源算法时,向应聘者/员工解释完全基于算法的决策。员工有权利对基于算法的决策结果提出异议。这需要组织具备足够的专业性去解决算法决策带来的挑战。

个人隐私保护的制度必须要保护个人的隐私信息,此外也要给人力资源大数据的进一步发展留有余地。从技术的角度而言,人力资源分析部门需要充分挖掘人力资源数据的价值,同时减少对个人隐私窥探的风险。此外,需要开展关于人力资源数据保护相关的法律法规研究,明晰其应用的边界和运行的规范性（姚凯，桂弘诣，2018）。

第四节 组织管理变革

人力资源分析虽然在高科技企业中得到了较多的应用，但是从整个企业群体来看，应用率仍然较低。比如法莱塔（Falleta，2014）对世界财富1000强企业使用人力资源分析的情况做调查，发现在220个企业样本中，只有15%企业将人力资源分析作为决定或实施人力战略的重要依据。人力资源分析主要是对员工调查数据进行分析。劳勒和布德罗（Lawler & Boudreau，2015）对100多家世界财务500强企业调查发现，少于1/3的企业使用人力资源分析方法考察HRM实践和业务产出的关系。缺乏高阶数据分析能力、缺乏专业人才，无疑是制约人力资源分析发展的重要原因。除此以外，人力资源分析会带来较大的组织管理变革。这些要素也需要提前考虑。

首先，人力资源分析会引起人力资源管理决策方式的变革。在管理决策中，数据驱动决策和直觉经验决策都有重要价值。人力资源分析使人力资源管理决策增加了数据驱动的内容。人力资源管理从经验直觉转向数据驱动的循证式管理；人力资源管理部门从季度、年度的周期性工作，变得能够实施连续跟踪，人力资源管理工作会变得更加敏捷；人力资源分析能够进行预测性分析，因此能够主动发现问题，发现机会，使人力资源管理从被动变为主动。因此人力资源分析能够让人力资源管理为企业创造更大的价值。

人力资源分析会对人力资源管理的角色定位产生变革。人力资源管理部门以前更多是成本中心和服务支持部门，人力资源管理从业者更多承担行政专家和员工激励者角色。随着人力资源分析的发展，人力资源管理部门转型为以人才管理为核心的战略决策部门，人力资源管理从业者也将真正承担战略伙伴和变革推动者角色。

人力资源分析将对组织结构和组织文化产生变革。需要组织领导者创造更加灵活的组织形式，强化跨部门合作。组织需要强化内部信息系统建设，在内部不同业务部门之间保留数据共享接口，实现数据互联互通。可设立专门的跨部门人力资源分析小组，以促进不同背景专业人才的协作。借助数据开展循证决策是一项艰难的文化转变，要重新定义工作流程、统一数据，还要建立企业制度对人们进行工作指导。不过如果企业完成了文化转变，它们在运营上的优势就很难被竞争对手复制。

参考文献

［1］李育辉，唐子玉，金盼婷，等．淘汰还是进阶？大数据背景下传统人才测评技术的突破之道［J］．中国人力资源开发，2019, 36(8): 6-17.

［2］刘善仕，孙博，葛淳棉，等．组织人力资源大数据研究框架与文献述评［J］．管理学报，2018, 15(7): 1098-1106.

［3］姚凯，桂弘诣．大数据人力资源管理：变革与挑战［J］．复旦学报（社会科学版），2018(3): 146-155, 50-73.

［4］CHENG M M, HACKETT R D. A critical review of algorithms in HRM: Definition, theory, and practice［J/OL］. Human Resource Management Review, 2019［2019-06-21］. https://doi.org/10.1016/j.hrmr.2019.100698.

［5］FAIRHURST P. Big data and HR analytics［M］//IES Perspectives on HR，2014: 7-13.

［6］FALLETTA S. In search of HR intelligence: evidence-based HR analytics practices in high performing companies［J］. People & Strategy, 2014, 36(4): 28 - 37.

［7］GEISSER S. Predictive inference［M］. Boca Raton, FL: CRC Press, 1993.

［8］GEORGE G, OSINGA E, LAVIE D, et al. Big data and data science methods for management research［J］. Academy of Management Journal, 2016, 59(5): 1493-1507.

[9] KAHNEMAN D, SLOVIC P, TVERSKY A. Judgment under uncertainty: heuristics and biases [M]. Cambridge University Press，1982.

[10] KEAN S. Bookshelf: Getting' smarter all the time [N]. The Wall Street Journal, 2018-05-31(A15).

[11] MARLER J H, BOUDREAU J W. An evidence-based review of HR analytics [J]. The International Journal of Human Resource Management, 2017, 8(1): 3–26.

[12] SHMUELI G. To explain or to predict? [J]. Statistical Science, 2010, 25(3): 289–310.

[13] WACHTER S. Normative challenges of identification in the internet of things: Privacy, profiling, discrimination, and the GDPR [J]. Computer Law & Security Review, 2017, 34(3): 436–449.

[14] WENZEL R, VAN QUAQUEBEKE N. The double-edged sword of big data in organizational and management research: a review of opportunities and risks [J]. Organizational Research Methods, 2017, 21(3): 548–591.

[15] WHETTEN D A. What constitutes a theoretical contribution? [J]. The Academy of Management Review, 1989, 14(4): 490–495.